蓄熱槽断熱防水工事技術指針(案)

Technical Recommendation for Insulation Waterproofing Membrane of Heat Storage Tank

日本建築学会

ご案内
本書の著作権・出版権は(一社)日本建築学会にあります．本書より著書・論文等への引用・転載にあたっては必ず本会の許諾を得てください．
Ⓡ〈学術著作権協会委託出版物〉
本書の無断複写は，著作権法上での例外を除き禁じられています．本書を複写される場合は，(一社)学術著作権協会（03-3475-5618）の許諾を受けてください．

一般社団法人　日本建築学会

序

　本会は，建築の質的向上と設計・施工の合理化を目的として建築工事における各工種に関する標準仕様書を作成している．

　建築工事標準仕様書 JASS8 防水工事もこの目的に添って 1972 年に初版が刊行されて以来，5 度の改定を経て 2008 年に最新版が発刊されているが，標準仕様書という性格上，現在の防水技術の標準を示し，発注図書の一部を構成する目的で作成されている．したがって，いまだ固有技術として普遍化していない等の理由により，JASS8 に含まれない防水技術が多々あるのも事実である。昨今の労務事情・環境配慮・省エネルギー対応等の建築生産を取り巻く状況の変化や社会的な要請に対して，新たな防水技術が開発されているのは周知の通りである．これらの新しい防水技術や工法を評価し標準化することは防水工事運営委員会の重要な課題であり，将来の防水技術の動向を示唆する上で重要である．

　省エネルギー対策が急務な近年の社会情勢において，空調用熱源の低公害かつ効率的供給のための冷暖房施設や昼間電力のピークカットおよびピークシフトの目的のために蓄熱槽の必要性は益々増加し，建物躯体を利用した現場で築造する蓄熱槽の施工実績も増大している．この分野での断熱を伴う水槽防水技術の指針は，1993 年に断熱水槽防水（設計・施工）技術指針・同解説が本会より刊行された．しかし，当時と比べるとより空調効率の向上を求めて氷蓄熱槽が適用されていることや蓄熱槽の大規模化や高深度化が進み，断熱材や防水材の改良も大幅に進んでいることが事前の調査により明らかとなった．

　そこでこれらの状況を踏まえたうえで，蓄熱槽の断熱防水に係わる施工のみならず，蓄熱槽の種類と計画や，断熱・防水設計および断熱防水層の維持管理もとりあげて，蓄熱槽断熱防水工事技術指針(案)として取りまとめ，蓄熱槽断熱防水技術の健全な発展に寄与しようとするものである．

　本技術指針(案)の刊行にあたり委員各位のご努力に対して深く感謝申し上げるとともに，本技術指針(案)を活用し，適切な蓄熱槽断熱防水工事が実施され，目標とする設計品質と施工品質が確保されることを切望している．

2013 年 2 月

日本建築学会

技術指針（案）作成関係委員
— （五十音順・敬称略） —

材料施工委員会本委員会
委員長　本橋　健司
幹　事　輿石　直幸　　桜本　文敏　　早川　光敬
委　員　（省略）

防水工事運営委員会
主　査　堀　　長生
幹　事　輿石　直幸　　山田　人司
委　員　市川　裕一　　呉　　祥根　　岡本　　肇　　小川　晴果
　　　　小野　　正　　古賀　純子　　志村　重顕　　添田　智美
　　　　竹本　喜昭　　田中　享二　　田辺　幹夫　　土田　恭義
　　　　中沢　裕二　　長野　立子　　松田　健一　　宮内　博之
　　　　山宮　輝夫

蓄熱槽断熱防水改定小委員会
主　査　堀　　長生
幹　事　堀江　一志
委　員　石田　陸夫　　君嶋　浩志　　佐々木晴夫　　塩田　博之
　　　　島津　路郎　　鈴木　　基　　高橋　誠治　　中村　修治
　　　　沼本　耕一　　長谷川　完　　藤原　裕之　　町田　　誠
　　　　吉田　　了
　　　　（内海　孝泰）（数矢　　彰）（吉澤　昭彦）

　　　　　　　　　　　　　　　　　　　　　　　　（　）元委員

解説執筆委員

1章 　総　　則
　　　　塩田博之　堀　長生

2章 　蓄熱槽の種類と計画
　　　　島津路郎　藤原裕之

3章 　断熱・防水設計
　　　　石田陸夫　君嶋浩志　高橋誠治　中村修治
　　　　沼本耕一　藤原裕之　堀江一志　町田　誠
　　　　吉田　了　(数矢　彰)

4章 　施　　工
　　　　君嶋浩志　佐々木晴夫　沼本耕一　長谷川　完
　　　　藤原裕之　堀　長生　堀江一志　吉田　了
　　　　(数矢　彰)

5章 　蓄熱槽断熱防水層の維持管理
　　　　佐々木晴夫　島津路郎　中村修治　堀江一志

　　　　　　　　　　　　　　　　　　(　　)元委員

蓄熱槽断熱防水工事技術指針(案)

目　　次

1章　総　則
 1.1　適用範囲 …………………………………………………………………………… 1
 1.2　用　語 ……………………………………………………………………………… 3
 1.3　性　能 ……………………………………………………………………………… 4
 1.4　防水下地の基本要件 ……………………………………………………………… 4

2章　蓄熱槽の種類と計画
 2.1　蓄熱槽の種類 ……………………………………………………………………… 6
 2.2　蓄熱槽の性能 ……………………………………………………………………… 22
 2.3　蓄熱槽の計画 ……………………………………………………………………… 23

3章　断熱・防水設計
 3.1　断熱層設計 ………………………………………………………………………… 27
 3.2　防水層設計 ………………………………………………………………………… 47
 3.3　断熱防水工法 ……………………………………………………………………… 57

4章　施　工
 4.1　施工計画 …………………………………………………………………………… 86
 4.2　使用材料・機器の保管および取扱い …………………………………………… 91
 4.3　施工前の確認 ……………………………………………………………………… 92
 4.4　作業環境 …………………………………………………………………………… 93
 4.5　断熱防水工法の施工法 …………………………………………………………… 95
 4.6　検査・試験 ………………………………………………………………………… 105
 4.7　施工後の管理 ……………………………………………………………………… 105

5章　断熱防水層の維持管理
 5.1　点　検 ……………………………………………………………………………… 106
 5.2　修　繕 ……………………………………………………………………………… 119

付録　関連文献 ……………………………………………………………………………… 121

蓄熱槽断熱防水工事技術指針（案）

蓄熱槽断熱防水工事技術指針(案)

1章　総則

1.1　適用範囲

> a．蓄熱槽断熱防水工事技術指針(案)（以下，本技術指針という）は，現場で築造する空調用蓄熱槽の断熱防水工事の設計・施工に適用する．
> b．本技術指針が対象とする水槽の躯体は，建物の躯体とする．
> c．本技術指針における蓄熱槽断熱防水の対象とする水温は，0～50℃とする．

　a．1990年当時，省エネルギー対応といった建築生産をとりまく環境の変化に応じて，設備設計の分野で空調用蓄熱槽の設置が増大した．その当時蓄熱槽の断熱防水は，防水材や断熱材の製造業者を防水工事の窓口として出発したという経緯があった．そのため建築防水の分野での断熱水槽防水としての位置付け・評価が明確とならない状況であった．以上の状況を踏まえて，防水工事運営委員会の中に断熱水槽防水小委員会を設けて，蓄熱槽等常温でない水を保持する水槽の設計・施工技術を確立することを目的として調査研究を行い，その成果を断熱水槽防水（設計・施工）技術指針・同解説としてまとめ，1993年に発刊した．

　その後10数年が経過し，蓄熱槽の断熱防水工事に関する防水材や断熱材の品質や性能に変化があり，また冷房需要の増加に伴い氷蓄熱槽も増加しているのに対し，旧指針では十分に対応できない状況であった．そこで，2008年に防水工事運営委員会傘下に蓄熱槽調査検討WGを設置して，旧指針の対応について検討をした．その結果から，躯体を利用した現場築造タイプの蓄熱槽断熱防水の市場規模は年間20万㎡で推移しており，今後もこの傾向は継続するものと予想される．また近年は，蓄熱槽の改修工事が急増しており，冷房需要の増加に伴い既存水槽を氷蓄熱槽に変更されるケースも多い．よって氷蓄熱槽の断熱防水工事に対応することが求められている．これらの調査結果を踏まえて，蓄熱槽の断熱防水に係わる施工のみならず，蓄熱槽の種類と計画や断熱・防水設計および断熱防水層の維持管理等を，蓄熱槽断熱防水工事技術指針(案)としてまとめたものである．

　蓄熱槽の断熱防水に関する既存工法およびその故障事例の調査分析結果に基づいて，断熱防水の「材料・施工・納まり」といった防水技術としてのあるべき姿を求めるべく，品質展開したものを解説表1.1.1に示す．

　b．空調用の蓄熱方式としては媒体の顕熱を利用するもの，潜熱を利用するものおよび化学反応熱を利用するもの等がある．その中で熱容量が大きく，安価・安全であり，空調設備の熱媒として直接利用できる水の顕熱を利用し，媒体である水は建物の躯体を利用した水槽に蓄えることが一般的に行われている（解

説図1.1.1）．そのため本技術指針が対象とする水槽の躯体は，建物の躯体とする．

　c．本技術指針における蓄熱槽断熱防水の対象とする水温は，空調用蓄熱槽の一般的な使用域として0～50℃とする．

解説表1.1.1　蓄熱槽断熱防水の品質展開

要求品質の展開		1次	蓄熱槽断熱防水の性能確保および故障防止														
		2次	長期使用できる								使用上障害がない		維持保全が容易である			
		3次	漏水しない				浸水しない	水温が維持される		はく離しない		設備・人体に有害でない		作業が容易にできる			清掃しやすい
品質特性の展開		4次	防水層が透水しない	防水層が透湿しない	防水層が破断しない	防水層が劣化しない	防水層の納まりが良い	躯体側の止水が十分	断熱性能が十分ある	断熱材が吸湿しない	断熱材が劣化しない	材料間の接着が良い	材料の強度がある	材料の挙動が少ない	不純物を溶出しない	水質汚染しない	衝撃に耐える	作業荷重に耐える	補修が容易にできる	汚れを取りやすい
1次	2次																			
躯体性能	防水性		○					○												
	防湿性																			
	接着性												◎							
	躯体強度																			
断熱性能	断熱性								○											
	防水性									○										
	防湿性			○						○										
	耐圧性													◎			◎			
	耐熱性										◎									
	寸法安定性					○								○						
	接着性												◎							
	補修性																		○	
防水性能	防水性		◎				◎													
	防湿性			◎																
	耐圧性				○	○								○			○			
	耐熱性					◎														
	寸法安定性				○	○								○						
	耐薬品性																			
	溶出性														◎	○				
	接着性												◎							
	耐衝撃性				○												○			
	除染性																			○
	補修性																		○	

［注］本表中○印は重要度が高いものを，◎印は重要度が非常に高いものを示し，無印は重要度が低いかまたは関連性がないものを示す．

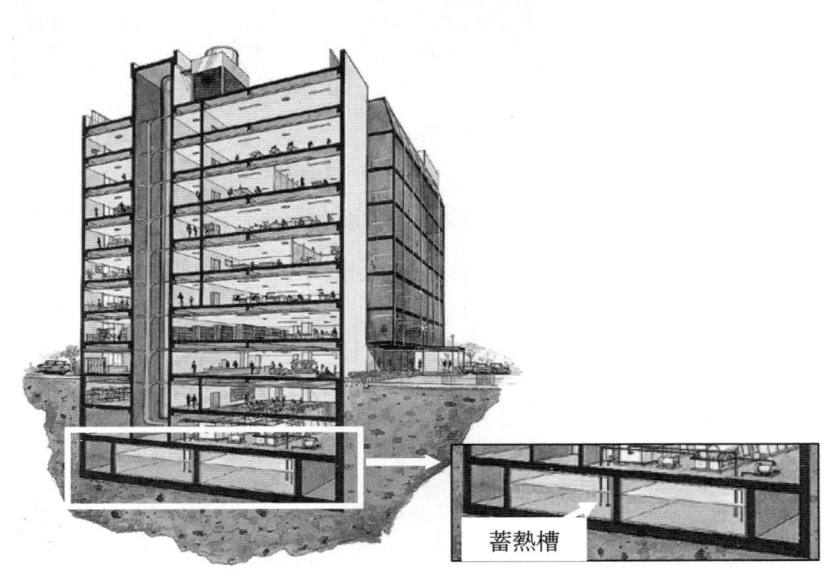

解説図 1.1.1　建物の躯体を利用した空調用蓄熱槽の例

1.2 用　語

a．工事関係者等に関する用語
　監理者　　　　　　工事請負契約書に監理者として記名捺印した者およびその代理人をいう．
　施工者　　　　　　工事請負契約書に記載されている請負者またはその代理人，もしくはそれらが委任する現場代理人などをいう．
　防水工事業者　　　断熱防水工事を担当する専門工事業者をいう．
　設備工事業者　　　設備工事を担当する専門工事業者をいう．
b．蓄熱槽に関する用語
　空調用蓄熱槽　　　空気調和設備の冷温熱源装置をいう．冷水または温水を蓄え，冷却または加熱能力が必要なとき随時これらをポンプで取り出して使用するための水槽をいう．
　水蓄熱槽　　　　　空調用蓄熱槽で水の顕熱を利用する蓄熱槽をいう．その蓄える熱によって冷水槽，温水層，冷温水槽に分類される．
　氷蓄熱槽　　　　　空調用蓄熱槽で主に氷の潜熱を利用する蓄熱槽をいう．氷の形態（スタティック型とダイナミック型）や氷を融解する方法（外融式と内融式）などで分類される．
　蓄熱槽効率　　　　蓄熱槽の蓄熱量で理論的に蓄えられて利用できる熱量に対する，実際に蓄えられて利用できる熱量の割合をいう．
　蓄熱効率　　　　　蓄熱槽に投入した熱量に対する利用できた熱量の割合をいう．
　貫通管　　　　　　連通管，排水管，通気管などの界壁・隔壁を貫通する管をいう
　構造熱橋　　　　　断熱層を施工した外周壁や天井スラブと断熱層を貫通して接合する隔壁や梁などで，構造体が熱橋となるものをいう．
c．材料に関する用語
　断熱材　　　　　　熱伝導率が小さく，熱絶縁を目的として用いられる材料をいう．
　防水材　　　　　　水の浸入または透過を防ぐために用いられる，透水性のほとんどない材料をいう．

> d．施工法に関する用語
> 機械固定　　　　　固定用アンカーやビスを使用して，断熱材を下地に固定する方法をいう．
> 接着固定　　　　　接着剤や材料の自己接着性を利用して，断熱材を下地に固定する方法をいう．

　d．施工法に関する用語において本技術指針では，断熱材を下地に固定用アンカーやビスを使用して固定する方法を「機械固定」と定義し，防水材の固定である「機械的固定」と区別をした．また断熱材を接着剤にて固定する方法については，「接着固定」と本技術指針であらたに定義した．

1.3　性　　能

> a．1.1「適用範囲」に提示された本仕様の断熱防水層は，断熱性能と防水性能を有するものとする．
> b．断熱防水層は，使用条件下において断熱性能と防水性能を適切な期間保持しうる耐久性を有するものとする．

　a．本技術指針においても防水層に必要な性能は JASS 8 同様，「水を漏らさない」という防水性能である．防水性能を確保するためには，防水層を構成する防水材が不透水性の材料であるということだけでなく，防水層として施工された時に「水を漏らさない」性能を有していることが重要である．また断熱性能を確保するためには，断熱槽として施工された時に「一定時間を通して熱を蓄える」性能を有していることも重要である．

　b．断熱防水層は，所定の期間において断熱性能と防水性能が確保されなければならない．そのため，耐久性能が必要である．

1.4　防水下地の基本要件

> a．下地の種類
> 　床と壁の種類は，現場打ち鉄筋コンクリートおよびプレキャストコンクリート部材とする．
> b．下地の状態
> 　(1)　コンクリート下地は，表面水（付着水・たまり水）および湧水，漏水がないものとする．
> 　(2)　コンクリート面は平滑でこてむらがなく，浮き・レイタンス・脆弱部および突起部などの欠陥がない良好な状態であること．
> c．設備配管周り
> 　(1)　設備配管は，断熱防水施工に支障がない位置にあること．
> 　(2)　設備配管は，所定の位置に堅固に取り付けてあり，欠損のないこと．

　a．本節で対象とする下地を，現場打ち鉄筋コンクリート（以下，RC という）およびプレキャストコンクリート（以下，PCa という）を標準とし，以下に各下地の特徴について記す．

　　(1)　RC は防水層の下地としては比較的安定しているが，ひび割れについて注意する必要がある．一般に RC に生じるひび割れは，床などの水平打継ぎ部，壁などの垂直打継ぎ部，床の隅角部・開口部回りならびに，各スパンの柱ぎわなどが多い．これらのひび割れは，下地に密着して施工

された防水層に悪影響を及ぼすため，その発生を少なくし，また分散させることが必要である．その対策としてはダブル配筋，溶接金網の敷込み，異形鉄筋の使用，補強のための要所の増し配筋など配筋上の配慮がある．さらにコンクリートの収縮低減のための調合設計上の工夫ならびに打設後の養生など施工管理に細心の注意が必要である．

　　(2)　PCaは，蓄熱槽の上階スラブ（蓄熱槽の天井）のPCa板として使用されることがある．PCa板の固定完了後，接合部やその間げきにコンクリートまたはモルタルを充填し，平たんにする．一般にPCa板の接合部は，部材の反りにより目違いを生ずることがあるが，段差や目違い生じたときはなだらかになるようモルタルなどで下地ごしらえを行なう．ただし，モルタルが極端に薄いとはく離などの原因ともなる．PCa板の鉄筋のかぶり厚さも考慮した上で数mm程度の段差であればサンディングなどで平滑にする場合も多く，防水工法に応じた対処が必要である．またPCa板は躯体の種別・規模などにより接合部で動きが生ずる．防水層の種類，種別の決定にあたっては，接合部の処理方法などをよく検討しておく必要がある．

b．下地の状態

　　(1)　躯体表面の乾燥が不十分であると，材料，工法によっては躯体表面への接着が悪く，はく離しやすくなるので，下地を十分乾燥させてから作業を行う必要がある．なお下地に含まれる水分には，RCでは練混ぜに用いた水分が，PCa板は降雨・降雪により吸水・吸湿した水分がある．

　　(2)　本項は防水を施す下地面の仕上げの程度を規定したものである．JASS 5（鉄筋コンクリート工事）の2.7「部材の位置・断面寸法の精度および仕上がり状態」のe．の表2.2で，「コンクリートの仕上がりの平たんさの標準値」があり，防水下地の場合の参考値を3mにつき7mm以下の平たんさ（凹凸の差）の許容範囲が出ている．平たんさの試験方法は，JASS 5 T‐604（コンクリートの仕上がりの平たんさの試験方法）によることになっている．しかし，実際にはセオドライト（トランシット）やレベルを使用して，グリット割りした点を順次測っていくという方法で処理することが多い．コンクリート下地あるいはモルタル塗下地の場合の仕上面は，JASS 15（左官工事）の3.3「現場打設コンクリート下地」に準じた施工とする．

　　コンクリート直ならしの場合も，PCaの接合部の場合でも凹凸を極力つくらないように注意する．なだらかな不陸は防水層にあまり影響を与えないが，著しい凹凸や不陸ならびに突起物は，仕上がった防水層の厚さにむらを生じさせる．

c．設備配管周り

　　(1)　設備配管周りは断熱防水施工の段階で，シート類の切張り補強やシート類を重ねることになっている．立上りに接近していると，これらの作業が不確実になり，不具合を起こす原因になるので，これらの施工が確実にできるように，立上り部からある程度離す必要がある．

　　(2)　設備配管は，ぐらつきなどがないようにし，その取合い箇所も防水層が浮き・はく離などを生じないように，なだらかに下地ごしらえしておくことが必要である．

2章　蓄熱槽の種類と計画

2.1　蓄熱槽の種類

> 　蓄熱槽は，その蓄える熱の種類と形式・形状によって分類され，それぞれの特徴や設計・施工上の留意点が異なる．したがって断熱防水についての特徴，留意点にも違いがある．
> 　a．蓄熱槽の種類
> 　　(1)　蓄える熱による分類
> 　　　　蓄熱槽は主に水の顕熱を利用する水蓄熱槽と，融解潜熱を利用する氷蓄熱槽があり，その蓄える熱によって以下のように分類される．
> 　　　(i)　冷水槽
> 　　　(ii)　温水槽
> 　　　(iii)　冷温水槽
> 　　　(iv)　氷蓄熱槽
> 　　(2)　形式による分類
> 　　　　蓄熱槽内の水温変化による熱の蓄え方はその構造によって違いがあり，その形式により以下のように分類される．
> 　　　(i)　連結完全混合型蓄熱槽
> 　　　(ii)　温度成層型蓄熱槽
> 　b．蓄熱槽の基本構成
> 　　蓄熱槽は主に水を蓄える水槽であるが，その基本的な構成には以下の要素がある．
> 　(1)　連通管
> 　(2)　マンホール
> 　(3)　排水管と通気管
> 　(4)　かま場
> 　(5)　はしご・タラップ
> 　(6)　サクションユニット
> 　(7)　梁とフーチン

a．蓄熱槽の種類

(1)　蓄える熱による分類

　　蓄熱槽は主に水の顕熱を利用する水蓄熱槽と，融解潜熱を利用する氷蓄熱槽があり，その蓄える熱によって以下のように分類される．

(i)　冷水槽

　　　冷房負荷のみを処理する冷水を蓄える蓄熱槽で，主に年間を通じて冷水による蓄熱を行う．暖房負荷をまかなう温水槽と併用する場合と，暖房負荷を蓄熱でないシステムで処理する場合などがある．

　　　年間を通して利用する冷水槽は槽内水温と周辺土中温度との温度差が小さく，温水槽に比べて熱損失が小さい傾向をもつ．ただし，蓄熱槽上部室の利用用途によっては結露の可能性

があるので，マンホールを含めた断熱に注意が必要である．

また，低温の水は性質が比較的安定するので，水処理が簡便になる場合が多い．

なお，古い蓄熱槽では断熱を施さない場合があったが，熱利用の効率化には断熱は必要不可欠で，最近ではほとんどの冷水槽には断熱を施す．

(ii) 温水槽

暖房負荷のみを処理する温水を蓄える蓄熱槽で，主に暖房期に温水による蓄熱を行う．冷房負荷をまかなう冷水槽と併設する場合が一般的で温水槽だけの採用はほとんどない．ただし，ソーラーシステムの蓄熱槽や再熱負荷などのため蓄熱，また工場などのプロセス用では年間を通しての温水のみの採用の場合がある．

(iii) 冷温水槽

シーズンによって冷水による蓄熱と温水による蓄熱を切り替える蓄熱槽で，年間を通して冷房負荷も暖房負荷も蓄熱したい場合に採用される．主に切り替えは冷房から暖房，またその逆が年間それぞれ1回だけとなるため，切り替え時期によっては空調負荷を処理できない期間が生じる場合がある．また，切り替え時の槽内水の温度変化は大きいので，空調をしない時期を設けて自然放熱で切り替えの初期温度変化を期待する方法もとられる．その場合も空調しない時期(換気のみの時期)が生じるため充分な室内温度環境が得られない時期が生じるおそれがある．

(iv) 氷蓄熱槽

蓄熱槽内の水を凍らせて冷房負荷をまかなう冷熱源を蓄える蓄熱槽で，広義には冷水専用槽に分類されるが暖房時に温水槽として利用する場合もある．氷の形態や製氷・融解の方法などによりいくつかの分類がある．主に氷のもっている融解潜熱が熱量として蓄えられるので冷水槽に比べて容積が小さくでき，また，氷が融解した冷水を利用するため温度も低くなる．最大蓄熱量時の氷の容積の蓄熱槽容積に対する比率を氷の充填率(IPF：Ice Packing Factor)といい，氷蓄熱槽性能の指標となる．

(イ) スタティック型とダイナミック型

氷の冷却方式には製氷用熱交換器を介して製氷する間接冷却方式と，不凍液や冷媒などを蓄熱槽に吹き込み，水を直接冷却して製氷する直接冷却方式があるが，一般的に間接冷却方式が主流である．

間接冷却方式には固体の氷を利用するスタティック型とシャーベット状の氷を利用するダイナミック型があり，氷点下の水を利用する過冷却水方式もダイナミック型に属する．氷蓄熱槽の種類を解説図2.1.1に示す．

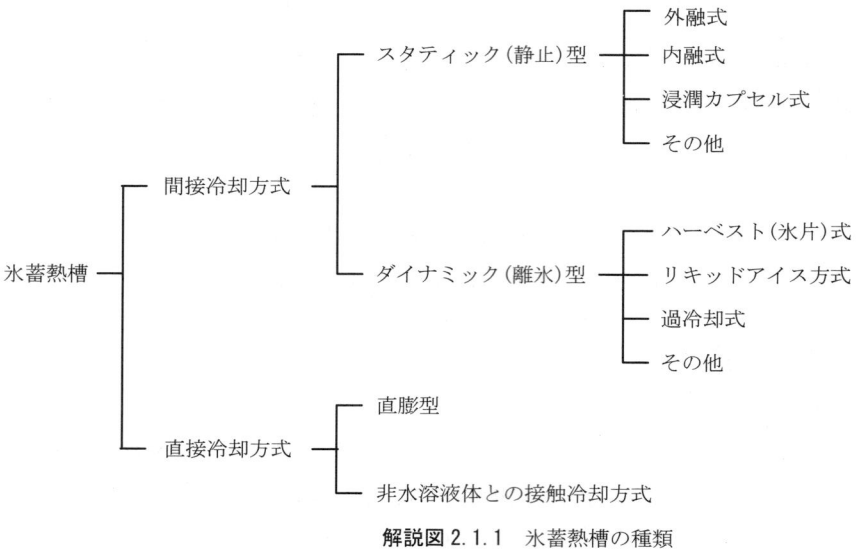

解説図 2.1.1 氷蓄熱槽の種類

氷蓄熱槽は一般的な冷水より氷点下に近い温度で利用するためより高い断熱性能が求められ，また，場合によっては断熱防水層に氷が接触することも考えられるので，充分な強度のものが必要になる．

(ロ) 外融式と内融式

不凍液であるブラインを通す配管の外側に製氷する方式を管外製氷方式というが，その氷を外表面に接触した水により外側から融解する方式を外融式，配管内部を流れるブラインによって，氷の内側から融解する方式を内融式という．それぞれシステム構成はもとよりIPFや最大解氷熱量(放熱量)に特徴があり，要求性能に応じて方式選択して設計を行う．

スタティック(静止)型 外融式，スタティック(静止)型 内融式，スタティック(静止)型 浸漬カプセル式，ダイナミック(離氷)型 ハーベスト(氷片)式，ダイナミック(離氷)型 リキッドアイス・過冷却式の概略図および製氷時・解氷時のフロー図をそれぞれ解説図2.1.2～2.1.6に示す．

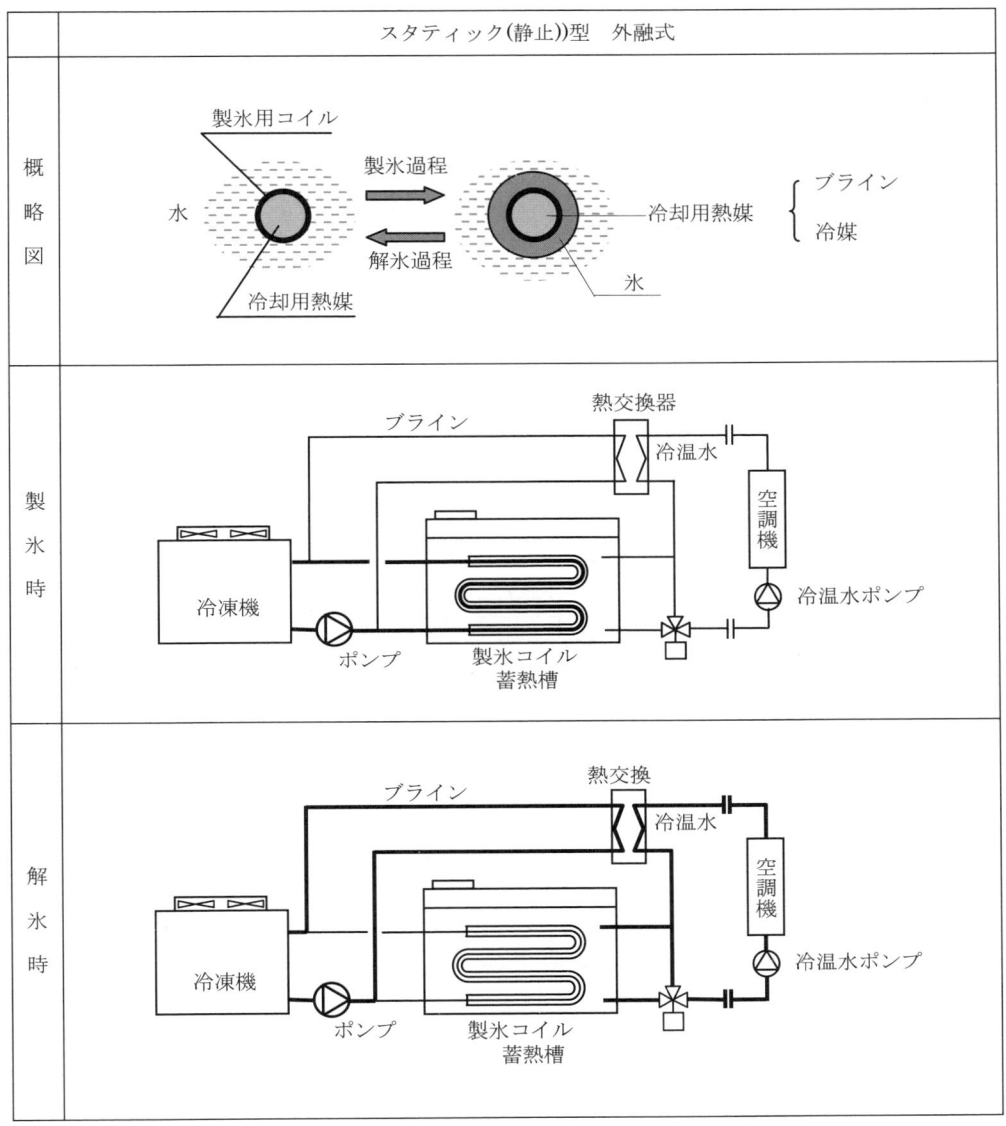

解説図 2.1.2 スタティック(静止)型　外融式

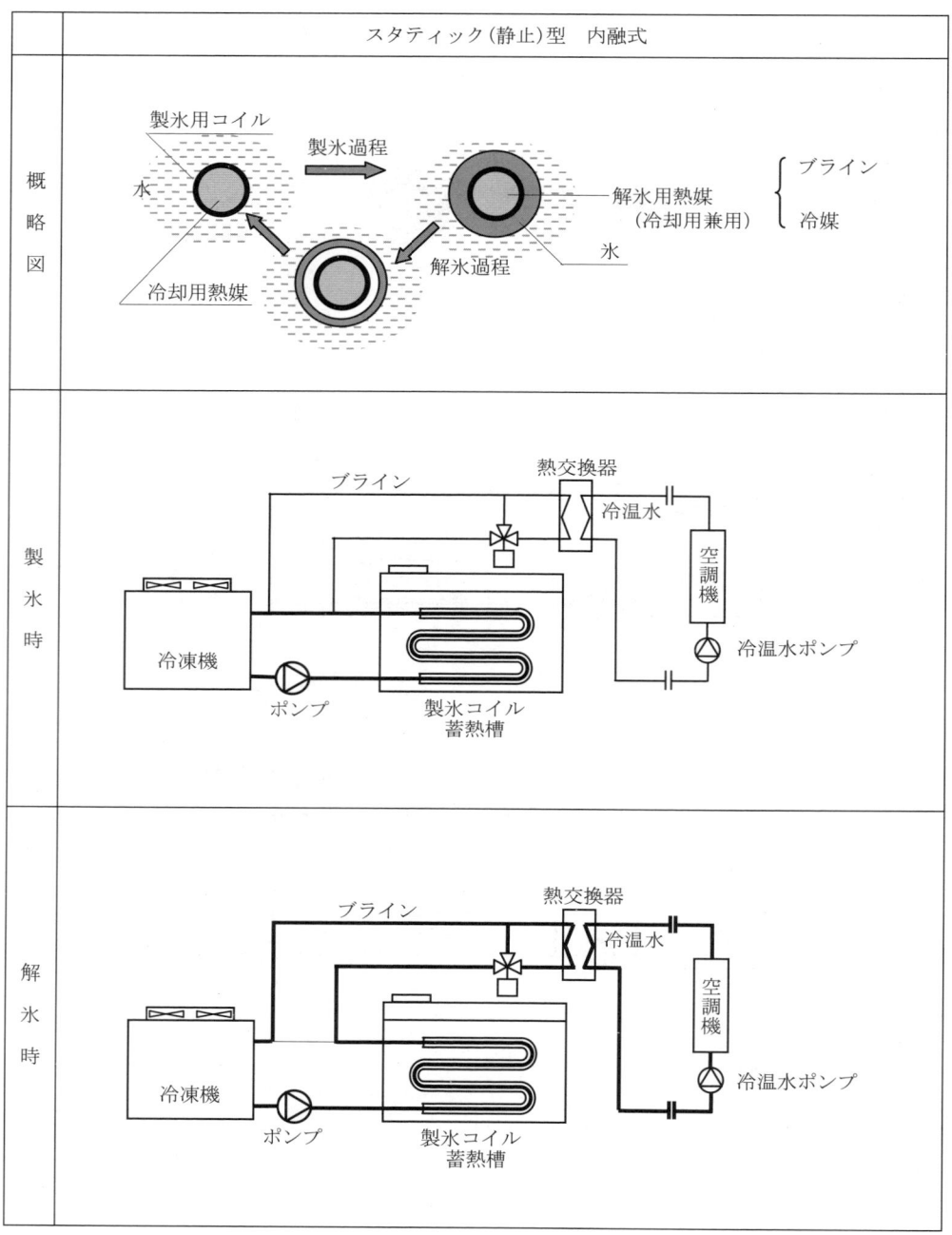

解説図 2.1.3 スタティック(静止)型　内融式

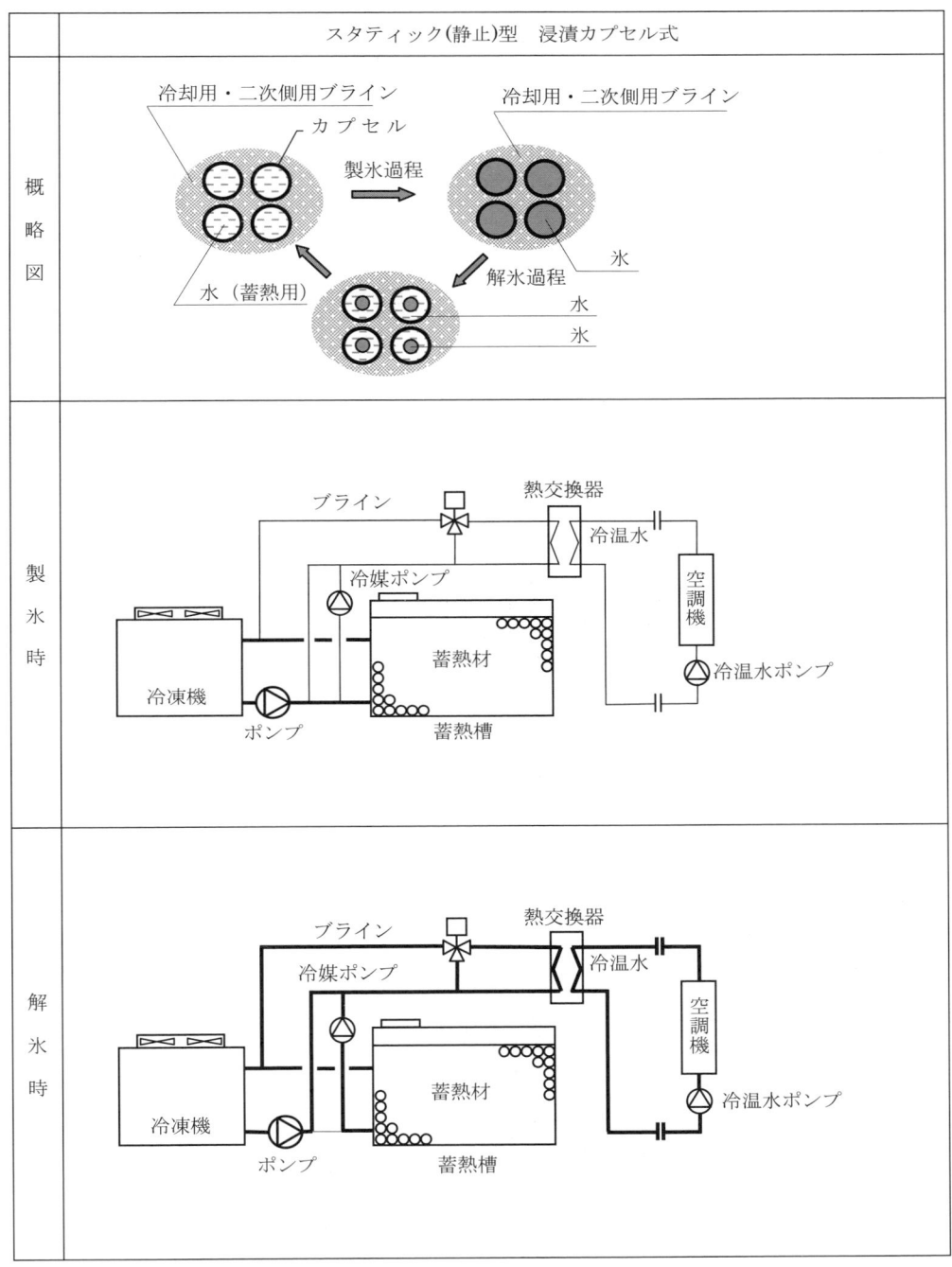

解説図 2.1.4　スタティック(静止)型　浸漬カプセル式

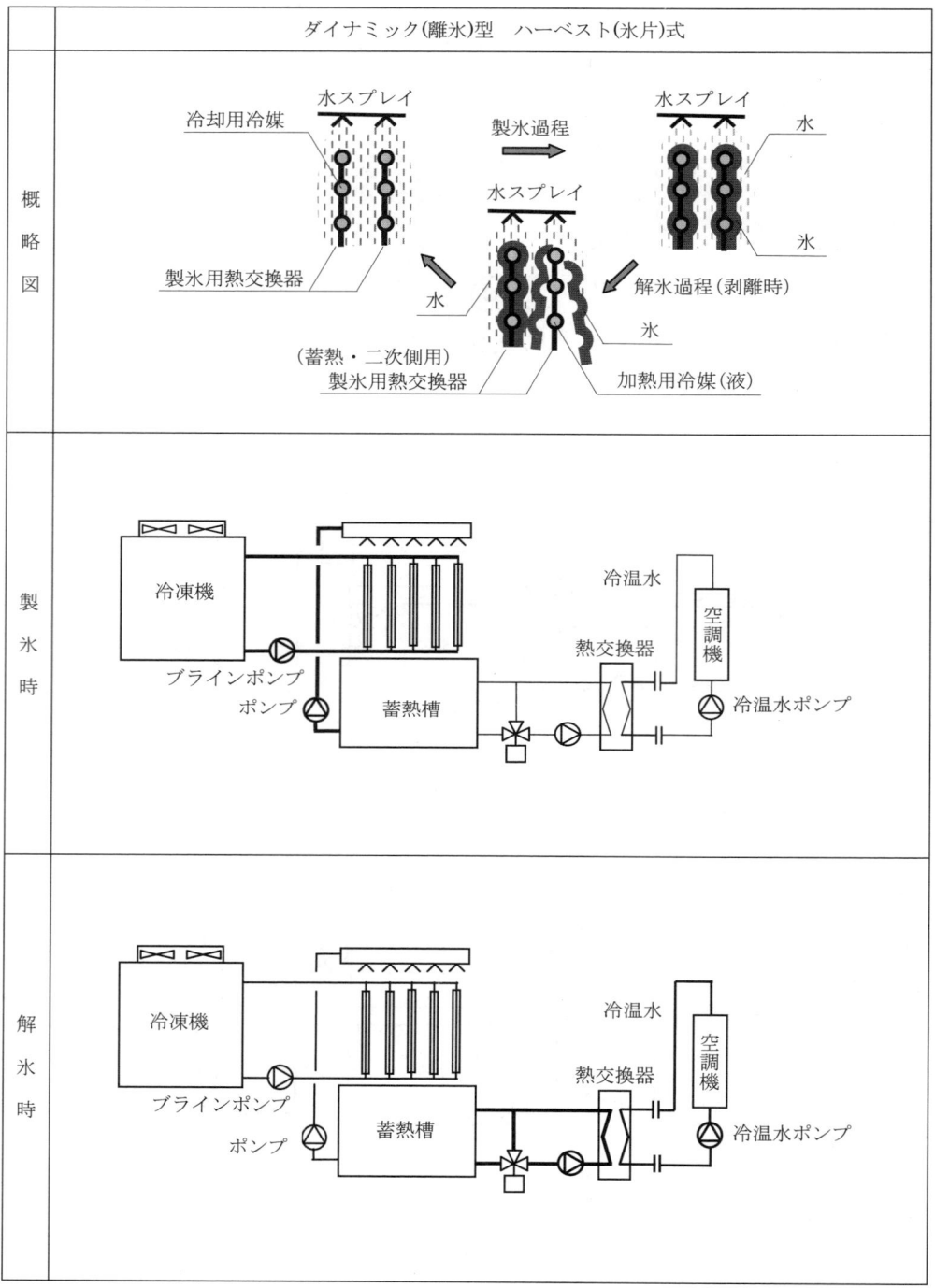

解説図 2.1.5 ダイナミック(離氷)型 ハーベスト(氷片)式

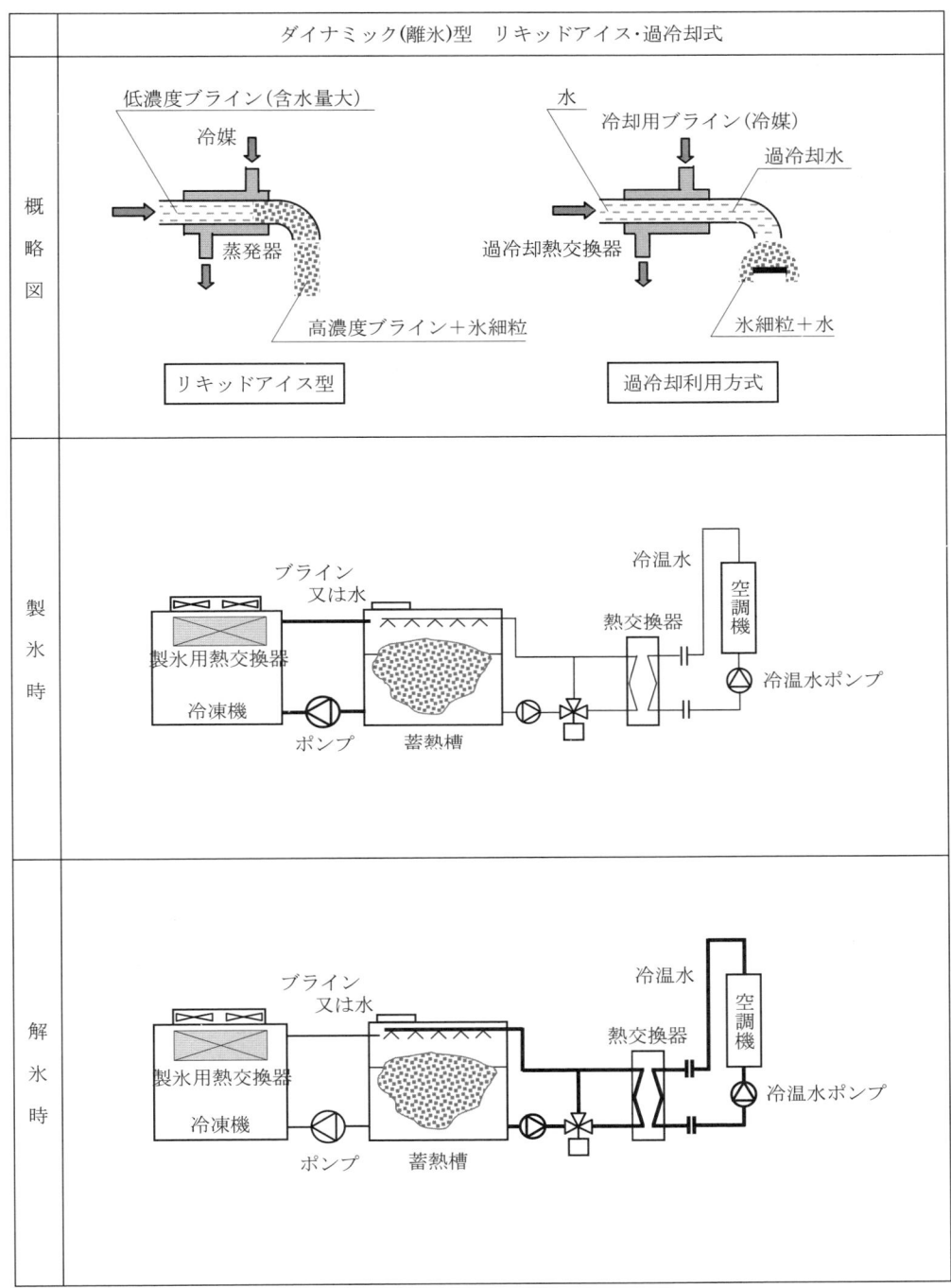

解説図 2.1.6　ダイナミック(離氷)型　リキッドアイス・過冷却式

(v) 蓄熱槽の組み合わせ

前述の蓄熱槽は建物によってそれぞれ組み合わされる場合があり，①冷水槽のみ　②冷水槽＋温水槽　③冷温水槽のみ　④冷水槽＋冷温水槽　⑤氷蓄熱槽のみ　⑥氷蓄熱槽＋温水槽　⑦氷蓄熱槽＋冷水槽　⑧氷蓄熱槽＋冷水槽＋温水槽　などの組み合わせがある．

(2) 形式による分類

(i) 連結完全混合型蓄熱槽

　　複数の水槽を連通管で直列に接続し，ひとつひとつの水槽は完全に混合させながら，それぞれの水槽の相互間では水の混合を抑制して温度差を確保し，槽全体として顕熱を蓄える蓄熱槽である．20 槽以上の連結があれば温度成層型と同等の性能が得られると言われている．

　　解説図 2.1.7 および 2.1.8 に連結完全混合型蓄熱槽の一般的な平面配置例と断面例を示す．また，解説図 2.1.9 に連結完全混合型蓄熱槽　連通管の配置方法例（千鳥配置例）を示す．

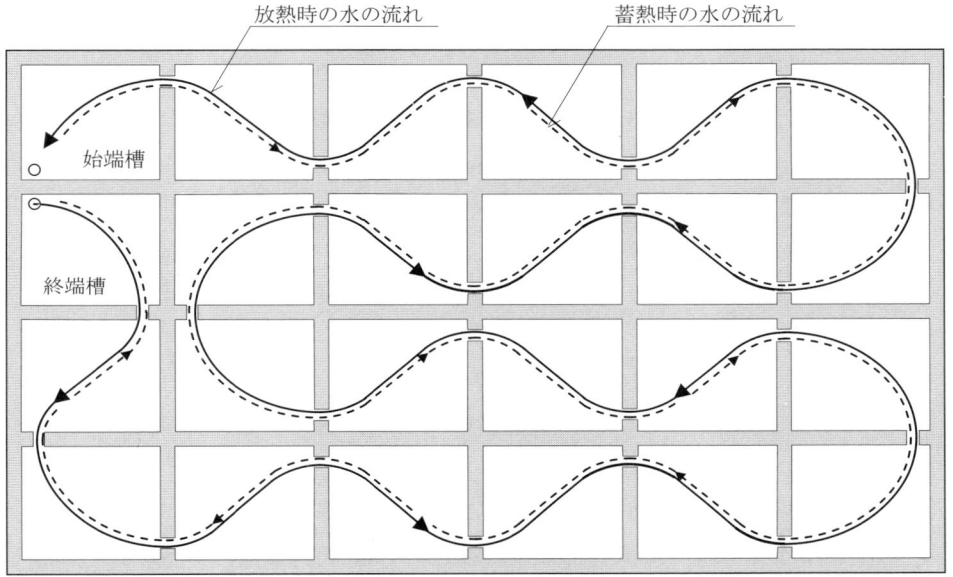

解説図 2.1.7 連結完全混合型蓄熱槽平面配置例

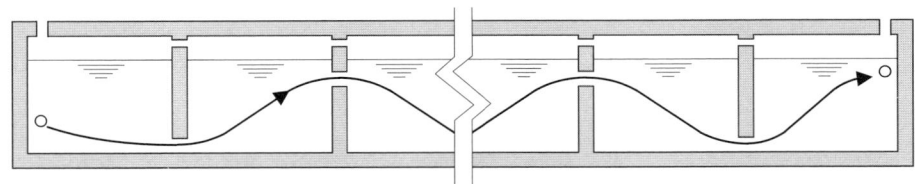

解説図 2.1.8 連結完全混合型蓄熱槽断面例（連通管方式）

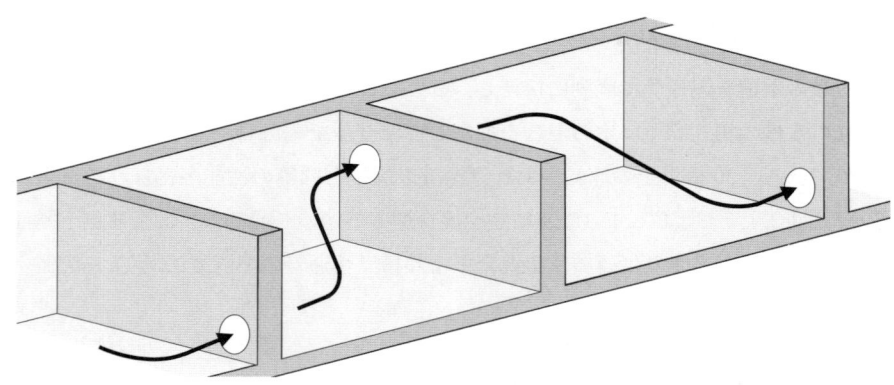

解説図 2.1.9 連結完全混合型蓄熱槽　連通管の配置方法例(千鳥配置例)

(ii) 温度成層型蓄熱槽

　蓄熱槽内の水の温度の違いによる比重差を利用して,水槽上部と下部の水の温度差をつけ,その顕熱分を蓄熱量とする蓄熱槽である.その構造の違いにより直列式と並列式に分類される.

　直列式は平面的に配置された複数の蓄熱槽の連通管の前後にもぐりぜきとあふれぜきを設けて,それぞれの蓄熱槽を温度成層型とする構造で,もぐりぜき・あふれぜき方式のほか配管誘導方式がある.

　完全混合型蓄熱槽の蓄熱量を増量する方式としても採用されることがある.

　解説図2.1.10および2.1.11に温度成層型蓄熱槽(もぐりぜき・あふれぜき方式)平面配置例と断面例を示す.

　なお,もぐりぜきやあふれぜきをコンクリート構造で構築する場合は,その壁体との間隙の断熱防水施工に支障のないような構造とする必要がある.

　また,解説図2.1.12および2.1.13に温度成層型蓄熱槽(配管誘導方式)平面配置例と断面例を示す.

　並列式は平面的に配置された複数列の蓄熱槽をもぐりぜき・あふれぜき,あるいは誘導配管で温度成層方式にして,それを並列で利用する蓄熱槽である.蓄熱槽の平面配置によっては構成が簡単になるが,並列利用するためのヘッダーが必要になるなどの構造のため,あまり採用されない.

　温度成層は水の比重差を利用するため水深が深い方が温度差がとれやすい.水槽の深さに標準規定や制限はなく,同容積では平型より蓄熱量は大きくなる可能性がある.現在では20mを超える蓄熱槽もあり平面積の取りにくい建物の蓄熱槽として採用される場合が多い.ただし水深が深いと水圧も大きく断熱防水材の耐圧性能や耐久性能を見極めて施工する必要がある.

また，縦型蓄熱槽の効用の一つとして，水槽の横部から配管をとりだし，二次側機器を水面下に設置できればポンプの実揚程をなくすこともできる．

解説図2.1.14に縦型蓄熱槽のディストリビュータ例を示す．

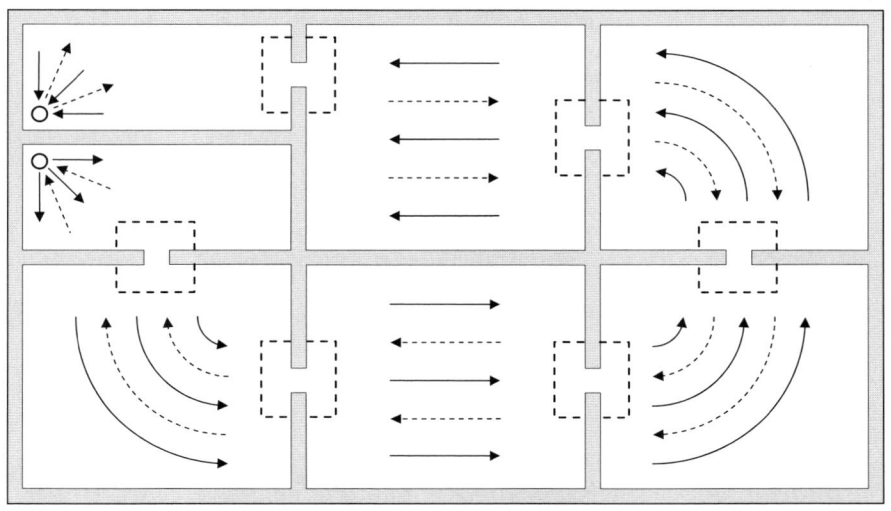

解説図2.1.10　温度成層型蓄熱槽(もぐりぜき・あふれぜき方式)平面配置例

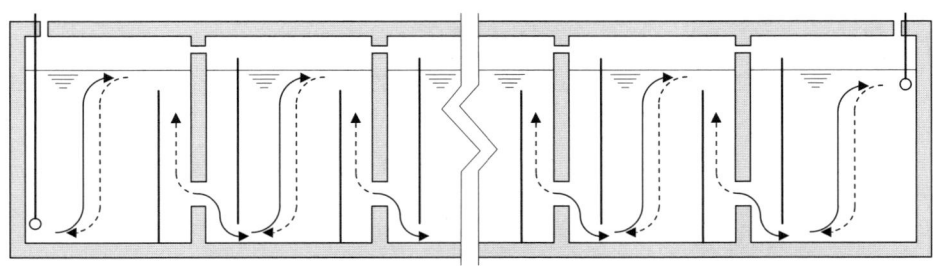

解説図2.1.11　温度成層型蓄熱槽(もぐりぜき・あふれぜき方式)断面例

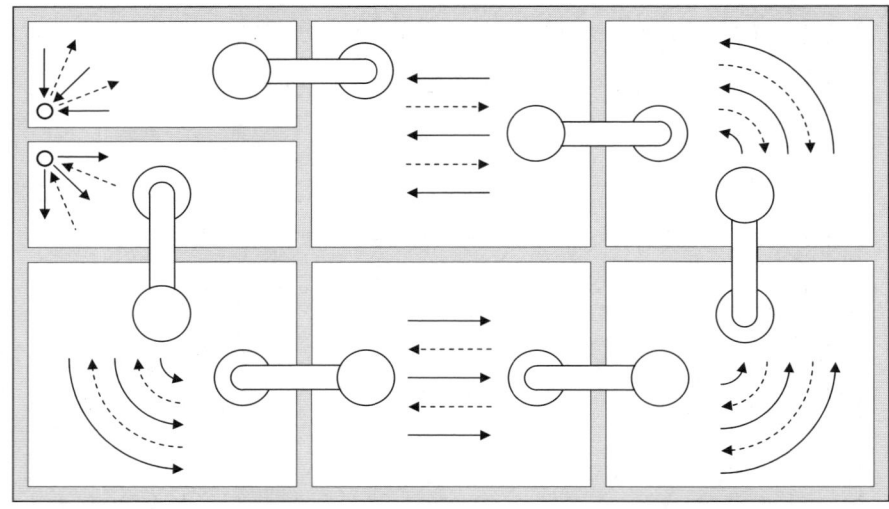

解説図 2.1.12 温度成層型蓄熱槽(配管誘導方式)平面配置例

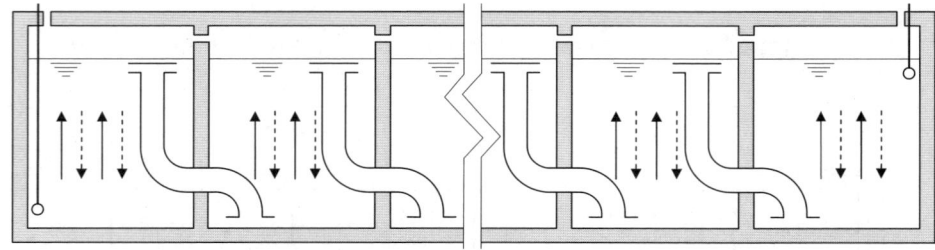

解説図 2.1.13 温度成層型蓄熱槽(配管誘導方式)断面例

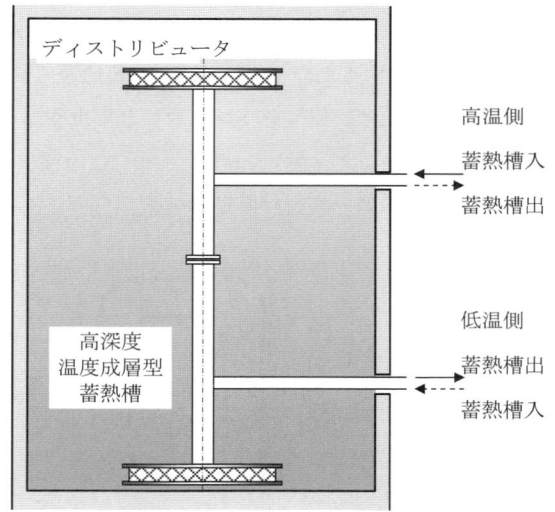

解説図 2.1.14　縦型蓄熱槽のディストリビュータ例

b．蓄熱槽の基本構成
(1) 連通管

　　連結完全混合型蓄熱槽や平型直列式温度成層型蓄熱槽の隣接する槽をつなぐ配管で，その口径は蓄熱槽の要求性能によって決定される．

　　連通管には配管抵抗があるため一槽毎に水位差が生じ，蓄熱槽全体では連通管合計分の水位差が生じることを考慮した設計をしなければならない．連結完全混合型蓄熱槽では最大流量において水速 0.3m/s 程度以上の流速とし，始端槽と終端槽の水位差が水深の 20％以下とするのが基準となる．

　　連通管は躯体を貫通するため，配管そのものはつば付き実管スリーブが用いられる場合が多く，断熱はもちろん防水性能も特に要求され，端部の処理は漏水事故がおきないように特に重要である．

(2) マンホール

　　平型蓄熱槽の内部への進入経路にはマンホールを設置する．可能であれば水槽の点検が容易なようにすべての槽に設置することが理想で，もし不可能な槽があれば，隣接する槽から進入する経路を確保する必要がある．その場合は連通管を人通口とするが，その口径は温度レベルへの影響を最小限にすることが必要である．

　　また，マンホールは鉄製のものが多いため，熱伝導率が高いので断熱材内蔵の断熱マンホールを採用することが必要である．

(3) 排水管と通気管

　　連通管で接続された蓄熱槽は熱の収受の他に水の流れを確保するための通気管と，排水を確

保するための排水管が必要になる．それぞれ小口径であるが地中梁を貫通するので断熱性能と防水性能の確保は重要である．

始端槽・終端槽には，蓄熱槽上部空間を大気に開放するため，槽通気管（縦貫通通気管）を設ける．槽通気管はφ100程度の管を500mm程度立ち上げ，先端をベンド返しとし虫やゴミの侵入を防止するため，防虫金網を取り付ける．

解説図2.1.15および2.1.16に通気管・排水管・槽通気管の設置例を示す．

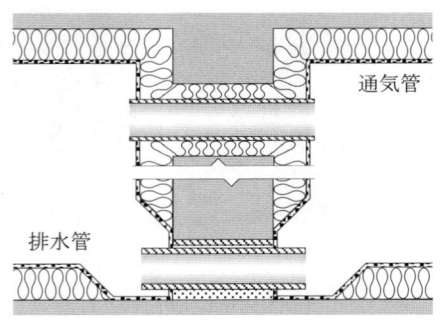

解説図2.1.15 通気管・排水管設置例（断面図） 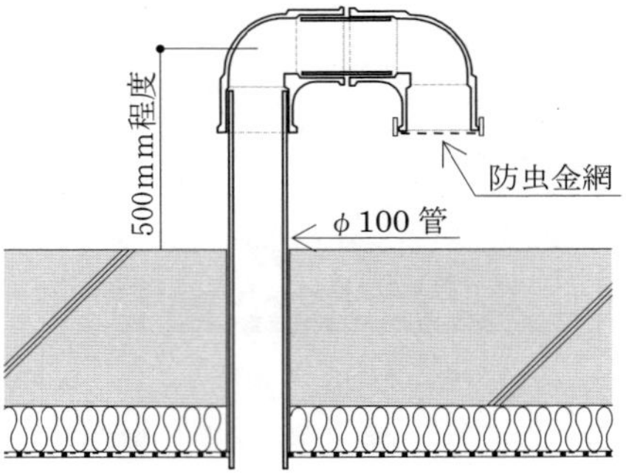　　　**解説図2.1.16** 槽通気管（縦貫通通気管）例

(4) かま場

建物の二重スラブにある蓄熱槽の場合，排水は隣接した排水槽に流し込む以外はポンプによって行われる．その場合は確実に排水するための勾配と最後のポンプアップ場所のかま場が必要になる．構造が特殊になるので断熱・防水性能を確実に確保する．

(5) はしご・タラップ

水槽の点検に人が内部に安全に進入するためのはしごやタラップを設置する．そのサポートの部材にも断熱・防水性能を確保する必要がある．壁からのサポートは防水処理を確実に行うことはもちろんで，また，はしごの底部が底に接する形式のものは，それに耐えうる底部の構造が必要となる．解説図2.1.17にはしごおよびタラップのアンカー施工例を示す．

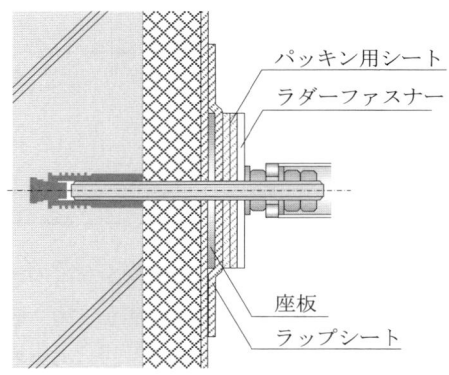 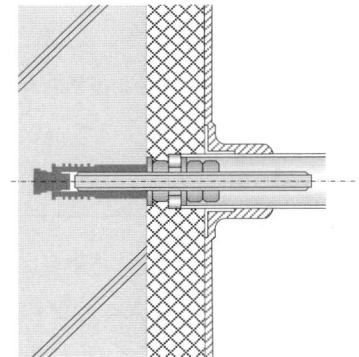

　　シート防水の場合（タラップ後施工）　　　　　塗布防水の場合（タラップ先施工）

解説図 2.1.17　はしごおよびタラップのアンカー施工例

(6) サクションユニット

　二重スラブ内の蓄熱槽で蓄熱槽天井のスラブ上にポンプを設置する場合，フート弁を備えたポンプサクションユニットを設ける．

　床面を貫通し，配管が蓄熱槽内に入り込むため，天井スラブの断熱を貫通することになる．その際のヒートブリッジ防止策も考える必要がある．

(7) 梁とフーチン

　二重スラブ内の蓄熱槽の場合は上部スラブからの梁の出っ張り，下部スラブからのフーチンの出っ張りがある場合が多い．断熱防水仕様を考える際には，特に上部スラブからの梁下が水に接するかどうかで対応が変わる．また，蓄熱する温度によっても断熱の必要性が異なるので検討を要する．解説図2.1.18に梁と水面の関係を示す．

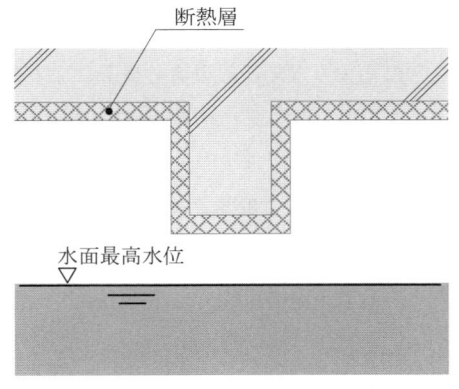 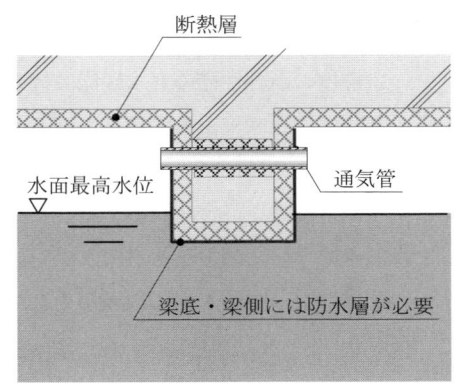

　　　梁底が水没しない場合　　　　　　　　　　梁底が水没する場合

解説図 2.1.18　梁と水面の関係（冷水槽の場合）

2.2 蓄熱槽の性能

> 蓄熱槽の性能は以下の指標で評価する．
> a．効率
> b．断熱性能
> c．防水性能

　蓄熱槽の性能には蓄えうる熱量に起因する蓄熱槽効率と熱収受に起因する蓄熱効率などの指針として明確な性能や，熱損失に影響する断熱性能，漏水に対する耐性としての防水性能などの一般的に求められる要求性能がある．それぞれ水の温度差や氷の潜熱で熱を蓄える蓄熱槽としての設計値や目標値を達成するのに必要な性能で，評価をこれらで行う場合が多い．
　蓄熱槽の性能を評価する指標は以下の通りである．

a．効率
　(1) 蓄熱槽効率
　　　蓄熱槽の蓄熱量で理論的に蓄えられて利用できる熱量に対する，実際に蓄えられて利用できる熱量の割合のこと．主に構造的な要因で決まるもので，エネルギー損失としての効率ではない．蓄熱槽効率は連通管などの口径や配置による影響が大きいため，滞留域を少なくするよう設計することが重要である．

　(2) 蓄熱効率
　　　蓄熱槽に投入した熱量に対する利用できた熱量の割合のこと．ある一定の期間内での熱収受で計算する．理論的には100％を超えることはなく，100％未満の割合は熱損失と考えられる．

b．断熱性能
　　蓄熱槽はある一定時間を通して熱を蓄える用途のため，何らかの熱損失は避けられない．その熱損失を極力小さくするために壁体や梁，天板などの断熱は必要不可欠である．また，用途を異にする隣接の壁面や床面の結露を防ぐ意味でも断熱は必要である．
　　蓄熱槽の断熱性能の要求性能は数字で表されることはあまりなく，設計者の計算により断熱材の種類と厚さや施工方法が示される．

c．防水性能
　　水により熱を一定時間蓄えるので防水性能は蓄熱槽の性能として重要である．要求性能としては漏水のないことであるが，水深や温度によってその耐久性や性能は大きく異なるため，蓄熱槽の仕様によって防水施工の種類や工法を適切に選択する必要がある．

2.3 蓄熱槽の計画

> a．蓄熱槽の計画
>   蓄熱槽は必要蓄熱量に対して水量，水温，配置，熱源器の種類や運転時間などを考慮して計画する．
> b．蓄熱槽の計画上の留意点
> (1) 配置計画
> (2) 熱特性
> (3) 連通管
> (4) 水深と容量
> (5) 維持と管理

a．蓄熱槽の計画

(1) 蓄熱槽の計画

　　蓄熱槽の計画にはその用途が重要な要素であるが，例えば空調用であれば，空調負荷計算からはじまり，冷凍機の能力と運転時間を選定することによって必要蓄熱量を計算し，水温と容積からその構成を決定する．躯体を利用する蓄熱槽では物理的に確保できる容積が建物構造から制約をうけるので，これらの条件の相互関係によって選定されていく．

　　そのなかで連通管の大きさや位置，水の流れの計画が重要な要素となる．

(2) 熱源機の運転時間と蓄熱容量

　　蓄熱槽に熱を投入する熱源機の能力と運転時間によって蓄熱量が決定される．逆の言い方をすれば必要蓄熱量と運転時間で熱源機能力が決定される．ただし，熱源機の種類によっては運転条件によって能力が変わるものもあるので，その変化も考慮した計画が必要である．例えば，空冷の熱源機は外気条件や取り出す水の温度によって能力が大きく変化し，冷却水を利用する水冷式のものは冷却水温度や取り出す水の温度によって能力や効率が大きく変化するので，選定にあたってはシミュレーションが必要となる場合がある．

　　また，蓄熱槽効率や蓄熱効率も計算に考慮する必要があり，それらの適正な計算が蓄熱槽の最良な計画に必要不可欠である．

　　解説図 2.3.1 および 2.3.2 に蓄熱式空調システム　部分蓄熱運転例と全蓄熱運転例を示す．

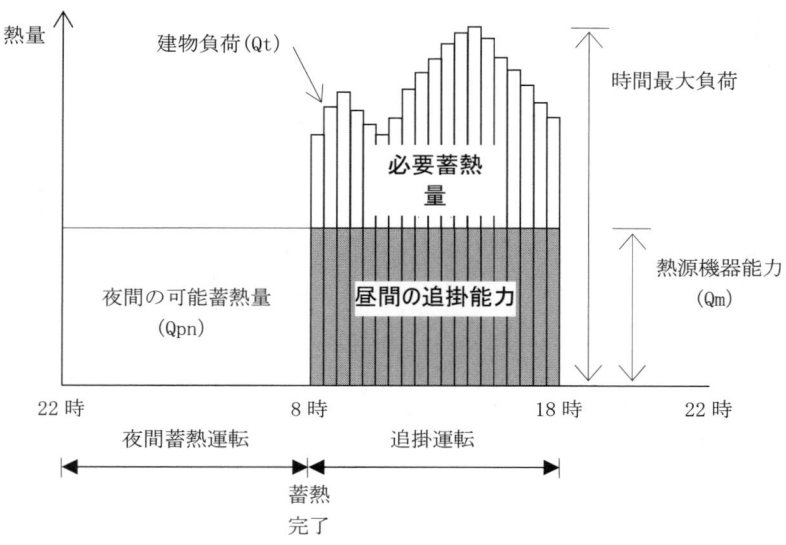

解説図 2.3.1 蓄熱式空調システム 部分蓄熱運転例

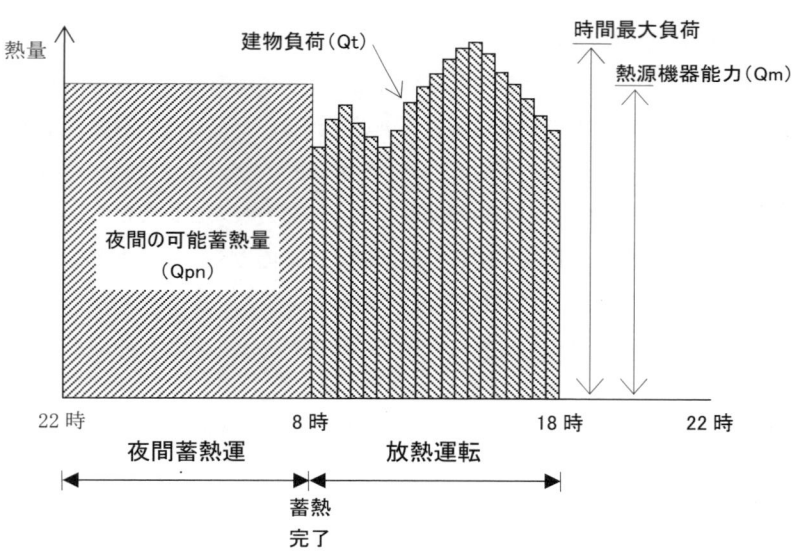

解説図 2.3.2 蓄熱式空調システム 全蓄熱運転例

　蓄熱槽効率を過剰に低く設定した場合，下記のことがあるので，蓄熱槽効率を適正に設定して，蓄熱槽容量を算出することが重要である．
(i)　蓄熱槽容量が過大となり，建設費の増額や放熱面積の拡大による熱ロスが増加する．
(ii)　夜間運転時間 (10 時間) 内で蓄熱を完了できなかったり，蓄熱した熱を有効に使い切れず熱ロスの増加を招く．

b． 蓄熱槽の計画上の留意点
(1) 配置計画

躯体利用の蓄熱槽は建物の規模や構造によってその可能性のあるスペースが決まってくる．水で熱を蓄える蓄熱槽には必ず高温側と低温側が存在する．それらの始端槽と終端槽は水の授受のためには平面的に近い方が望ましい．

また，完全混合型の蓄熱槽各槽の配置は充分に水の循環が有効に行われる配置になるよう計画し，蓄熱槽効率をできるだけ高くする配置として，連通管の寸法や上下左右の位置関係も水の流れと温度分布を充分考慮して計画する必要がある．

(2) 熱特性

蓄熱槽の熱特性は，その配置，水深，水温，断熱性能，二次側利用温度差などによって大きく影響を受ける．特に断熱性能については直接的に熱収支に関わるので，その使用する材料特性や施工方法を充分吟味する必要がある．

(3) 連通管

完全混合型の蓄熱槽にとって連通管は必要不可欠であるが，その寸法，平面位置，高さは有効容積率に影響するので，流速や始端槽と終端槽間の水位差を考慮して決定する．特に寸法は直接的に流速に関係するので，蓄熱槽の吹出し口における水流の影響を示す無次元数フルード数(Fr数)によって評価し決定する．ただし，平面的に配置した各槽にマンホールが設置できない場合は連通管を通って水槽に入る必要性から人通口としての寸法と配置の計画が必要になるが，この場合には人通口開口部に仕切板を設け，水の混合に必要な流速を確保できるようにする必要がある．

解説図2.3.3および2.3.4に連通管に設けた仕切板の立面と断面を示す．

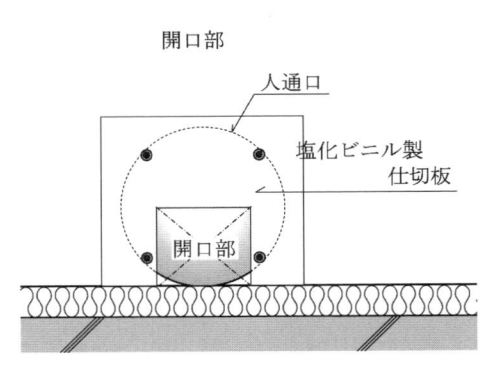

解説図 2.3.3　連通管に設けた仕切板(立面)

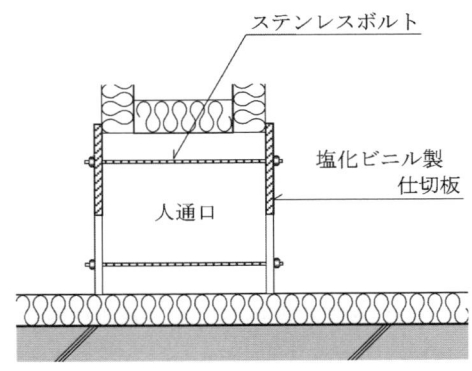

解説図 2.3.4　連通管に設けた仕切板(断面)

また，始端槽と終端槽間の水位差が過大になる場合は，連通管開口部に抵抗軽減のための面取りを考慮する．

解説図 2.3.5〜2.3.8 に連通管の面取りの例を示す．

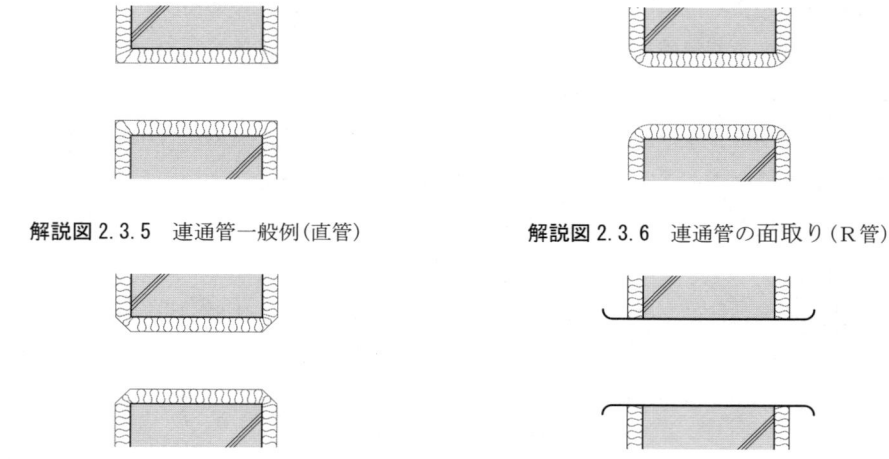

解説図 2.3.5　連通管一般例(直管)　　　解説図 2.3.6　連通管の面取り(R管)

解説図 2.3.7　連通管の面取り(45°管)　　解説図 2.3.8　連通管の面取り(ラッパ管)

(4) 水深と容量

　　完全混合型でも温度成層型でも水深は蓄熱容量に大きく関係する．蓄熱槽の上下温度分布は水の温度による比重差によって生じるので，水深が深いほど温度差がとれやすく実質の蓄熱容量が大きくなる．

　　ただし，比重差で生じる水の上下移動を阻害するような水の流れがあると，上下温度分布に乱れが生じるので，流速との関係を的確に計画する必要がある．

　　また，連通管式の蓄熱槽はその通過抵抗からそれぞれの水槽の水位が変化し，始端槽から終端槽までに水位差が生じる．この設計を誤ると連通管が水面に出たり，断熱防水を施していない梁が水没したりするので注意が必要である．

(5) 維持と管理

　　蓄熱槽の最も重要な管理対象は水質である．水質は補給水の性質にもっとも左右され，場合によっては水処理が必要になる．特に溶存酸素については配管の腐食に関する要素として重要で，脱気装置や水面被覆材のような対応が必要な場合がある．

　　また，水質の低下は細菌性のものでも生じ，特に温度の高い温水槽で問題になる場合がある．極端に蓄熱槽が汚れた場合は，その原因を取り除くと共に蓄熱槽の清掃を行うことが必要になるが，その際には大量の水が必要となるので，普段からなるべく汚れを蓄積しない管理が重要である．

【参考文献】

(社)空気調和・衛生工学会　蓄熱式空調システム計画と設計　2006

3章 断熱・防水設計

3.1 断熱層設計

3.1.1 断熱材

> 蓄熱槽の断熱材は，蓄熱槽の熱損失低減および隣接する部屋の結露防止に有効な断熱性能を有し，水圧や使用温度に対して十分な耐圧性能を有するものとし，発泡プラスチック系断熱材とする．

　断熱材は，微細な繊維間の空隙やプラスチックの気泡に空気またはガスを閉じ込めた熱を伝えにくい材料で，一般に熱伝導率が 0.065W/(m·K) 以下のものをいう．また，解説表 3.1.1 は，一般に建築物に使用される断熱材を，材質の種類や特性，形状，ならびに，成形方法で分類したもので，それぞれの断熱材や種類ごとに JIS 規格が制定されている．

　このうち，発泡プラスチック保温材に関する「JIS A 9511:2006R 発泡プラスチック保温材」および「JIS A 9526:2006（追補 1:2010）建築物断熱用吹付け硬質ウレタンフォーム」では，地球温暖化防止対策の一環として，発泡剤にフロンを使用しない（ノンフロン品）発泡プラスチック保温材の普及促進の要求が高まっている状況に鑑み，使用者の利便性に配慮してノンフロン品（A 種：発泡剤として炭化水素，二酸化炭素(CO_2)などを用い，フロン類を用いないもの），フロン品（B 種：発泡剤としてハイドロフルオロカーボン(HFC)などのフロン類を用いたもの）の区分を明確化している．

解説表 3.1.1　断熱材の種類

断熱材の種類			JIS 規格
分類	材質	材料名	
繊維系断熱材	無機質系	グラスウール ロックウール	JIS A 9504:2011　人造鉱物繊維保温材 JIS A 9521:2011　住宅用人造鉱物繊維断熱材 JIS A 9523:2011　吹込み用繊維質断熱材
	木質系	セルローズファイバー	JIS A 9523:2011　吹込み用繊維質断熱材
発泡プラスチック系断熱材	熱可塑性樹脂	押出法ポリスチレンフォーム ビーズ法ポリスチレンフォーム ポリエチレンフォーム	JIS A 9511:2006R　発泡プラスチック保温材
	熱硬化性樹脂	フェノールフォーム 硬質ウレタンフォーム	JIS A 9511:2006R　発泡プラスチック保温材 JIS A 9526:2006（追補 1:2010） 建築物断熱用吹付け硬質ウレタンフォーム

(1) グラスウール

　　グラスウールはガラスを溶融して遠心法などで細かく繊維状にし，少量の接着剤を混ぜて固めた断熱材であり，繊維の隙間にある空気が主な断熱要素である．製品は熱硬化性の接着剤（バインダー）によりフェルト状や板状に成形したもの，またこれらに外被を張り付けたものがある．主な用途は木造住宅の天井・壁・床の充填工法用または吹込み工法用断熱材や設備配管用断熱材などである．

(2) ロックウール

　　ロックウールは高炉スラグや玄武岩などを主成分とする鉱物を溶融し，遠心力または圧縮空気などで吹き飛ばして繊維状にして少量の熱硬化性接着剤（バインダー）混ぜて固めた断熱材であり，繊維の隙間にある空気が主な断熱要素である．主な用途は木造住宅の天井・壁・床の充填工法用または吹込み工法用断熱材である．

(3) セルローズファイバー

　　セルローズファイバーは新聞古紙やパルプなどの木質繊維に接着剤や難燃剤としてのホウ酸を配合して現場で吹き込み施工を行う断熱材であり，繊維の隙間にある空気が主な断熱要素である．主な用途は木造住宅の天井や壁の吹込み工法用断熱材である．

(4) 押出法ポリスチレンフォーム

　　押出法ポリスチレンフォームは，加熱溶融させたポリスチレン樹脂に炭化水素系発泡剤や難燃剤などを添加・混合し，連続的に押出発泡成形した板状の断熱材であり，独立気泡内の空気・発泡ガスが主な断熱要素である．JIS規格で規定する「A種押出法ポリスチレンフォーム保温板」は発泡剤にフロンを使用しないノンフロン製品である．主な用途は木造住宅の屋根や壁，基礎の外張工法用断熱材や鉄筋コンクリート造建物のスラブ下や壁の打込み工法用，または，張付け工法用断熱材，屋根断熱防水工法用断熱材などである．

(5) ビーズ法ポリスチレンフォーム

　　ビーズ法ポリスチレンフォームは，ポリスチレン樹脂に炭化水素系発泡剤や難燃剤などを添加した発泡性ポリスチレンビーズを金型内で蒸気により加熱発泡・融着させて成形した断熱材であり，独立気泡内の空気が主な断熱要素である．製品には板状のものと形状品とがあり，JIS規格で規定する「A種ビーズ法ポリスチレンフォーム保温板」は発泡剤にフロンを使用しない板状のノンフロン製品である．主な用途は木造住宅の床の充填工法用断熱材や鉄筋コンクリート造建物の湿式外断熱工法用断熱材などである．

(6) ポリエチレンフォーム

　　ポリエチレンフォームは加熱溶融させたポリエチレン樹脂に発泡剤や難燃剤などを添加・混合し，連続的に押出発泡成形した断熱材であり，独立気泡内の空気が主な断熱要素である．製品には板状のものとシート状のものがあり，JIS規格で規定する「A種ポリエチレンフォーム保温板」は発泡剤にフロンを使用しないノンフロン製品である．主な用途は木造住宅の床の充填工法用断熱材などである．

(7) 硬質ウレタンフォーム

　硬質ウレタンフォームは，イソシアネート・ポリオール・発泡剤・整泡剤などを混合し発泡させて成形した断熱材であり，独立気泡内の空気や発泡ガスが主な断熱要素である．硬質ウレタンフォームには，工場で製造される板状の製品と吹付け工法による現場発泡成形品があり，それぞれJIS規格によりA種（ノンフロン品）とB種（フロン品）とに分類される．板状の製品の主な用途は，木造住宅の屋根や壁の外張工法用断熱材，現場発泡成形品の主な用途は，鉄筋コンクリート造のマンションの内断熱工法用断熱材，木造住宅の屋根や外壁等の充填工法用断熱材などである．

(8) フェノールフォーム

　フェノールフォームは，フェノール樹脂に発泡剤などを混合しラミネート発泡法により発泡成形した断熱材であり，独立気泡内の発泡ガスが主な断熱要素である．JIS規格で規定する「A種フェノールフォーム保温板」は発泡剤にフロンを使用しないノンフロン製品である．主な用途は木造住宅の屋根や壁の外張工法用断熱材や床の充填工法用断熱材などである．

　このように建築物には多くの種類の断熱材が使用されているが，蓄熱槽には発泡プラスチック断熱材のうち，断熱性能，耐圧性能ならびに現場施工性に優れる「A種押出法ポリスチレンフォーム保温板」「A種ビーズ法ポリスチレンフォーム保温板」「建築物断熱用吹付け硬質ウレタンフォーム（B種）」が多く使用されている．これら断熱材にはJIS規格が制定されており，蓄熱槽に使用される断熱材の代表的な品種の特性は解説表3.1.2の通りである．

　尚，蓄熱槽に使用される断熱材は断熱性能だけでなく，特に蓄熱槽の水深に応じた水圧や温水槽の使用温度を考慮した耐圧性能が要求される．したがって，実際に蓄熱槽に使用される断熱材は，JIS規格で規定する圧縮強さよりさらに高い圧縮強さを有する断熱材が使用されることがある．

解説表3.1.2　蓄熱槽に使用される代表的な断熱材のJIS規格値

断熱材の種類・品種	JIS規格	圧縮強さ N/cm^2	熱伝導率 $W/(m \cdot K)$
A種押出法ポリスチレンフォーム保温板3種	JIS A 9511:2006R 発泡プラスチック保温材	20以上	0.028以下
A種ビーズ法ポリスチレンフォーム保温板1号		16以上	0.036以下
建築物断熱用吹付け硬質ウレタンフォーム(B種)	JIS A 9526:2006 （追補1:2010） 建築物断熱用吹付け 硬質ウレタンフォーム	17以上	0.022以下[*1]

*1：JIS A 9526（追補1:2010）解説では，熱伝導率 $\lambda = 0.026 W/(m \cdot K)$ を設計値として推奨している．

3.1.2 要求性能

> a．蓄熱槽の断熱性能および断熱材の厚さは，熱損失および結露の算定結果を考慮して設定する．
> b．蓄熱槽の水深に基づく水圧や材料の耐熱性などに配慮し，十分な耐圧性能を有する断熱材を選定する．
> c．地下に構築する蓄熱槽の外周壁や床の断熱層に湧水排水機能を付与する場合は，適切な排水経路を確保する．

a．蓄熱槽の断熱設計
(1) 蓄熱槽の性能に基づく断熱設計

　　蓄熱槽の断熱は，主として熱損失の低減および結露の防止のために行われ，熱損失の低減のためには，2.2 蓄熱槽の性能および 2.3 蓄熱槽の計画に基づいて設計された蓄熱槽の性能に則って断熱の仕様を決定する．

　　熱損失は槽上方向・槽横方向・槽下方向にそれぞれ生じるが，これらの熱損失量の計算にあたっては隣接する水槽や室内の環境条件あるいは地盤等の熱的性質の把握を必要とする．しかし，隣接する水槽や室内の環境条件は様々であり，地盤等の熱的性質など不明な点が多い．また，正確な熱損失量を算出するためには，非定常伝熱計算による高度なシミュレーションが必要となるため，実際には経験的な断熱仕様や結露算定結果等をもとに断熱仕様を決定するのが実状である．

　　一般的には，蓄熱槽の天井・壁・床とも厚さ 30mm から最大で 100mm 程度，熱抵抗 $R=1.0 \sim 3.5 m^2K/W$ 程度の断熱材が使用されており，中でも厚さ 50mm，熱抵抗 $R=1.3 \sim 2.0 m^2K/W$ 程度の断熱材が最も汎用的に使用されている．

　　尚，断熱材の種類としては，3.1.1 で述べた通り「A 種押出法ポリスチレンフォーム保温板」「A 種ビーズ法ポリスチレンフォーム保温板」「建築物断熱用吹付け硬質ウレタンフォーム（B 種）」が一般的に使用されている．

(2) 結露防止に基づく断熱設計

　　蓄熱槽に隣接する部屋のうち，冷水槽や氷蓄熱槽など低温で運転される蓄熱槽に隣接する部屋については，特に夏季において床表面や壁表面に結露が発生することがある．これは，各部屋が接する冷水槽や氷蓄熱槽のスラブや外周壁の断熱不足や梁や柱，隔壁などの構造熱橋部の影響によって各部屋の床表面や壁表面が冷やされて，各部屋の空気の露点温度より表面温度が低下することによって発生する．

　　こうした冷水槽や氷蓄熱槽に隣接する部屋で発生する結露を防止するためには，各部屋との境界となるスラブや外周壁に適切な厚さの断熱材を施工するとともに，梁や柱，隔壁などの構造熱橋部，ならびに，通気管や連通管等の貫通管の周りに必要に応じて断熱補強を施す．

　　前者の熱的境界となるスラブや外周壁の断熱厚さは一次元定常伝熱計算によって算出することができるが，通常は熱損失低減に必要な断熱厚さに比べて，結露防止に必要な断熱厚さは薄くなり，一般的に各部位に施工される厚さ 50mm，熱抵抗 $R=1.3 \sim 2.0 m^2K/W$ 程度の断熱材を施工

すれば，熱的境界の一般平面部の結露対策として有効である．また，構造熱橋部の断熱補強については，二次元定常伝熱計算等のシミュレーション結果に基づき，必要な断熱厚さや施工範囲等を決定することができるが，この構造熱橋部の断熱補強に関しては，3.1.3で詳しく解説する．

尚，冷水槽や氷蓄熱槽に隣接する部屋の結露を防止するためには，スラブや外周壁さらには構造熱橋部に断熱材を施すだけでなく，各部屋の環境条件の管理も重要であり，特に夏季においては高温多湿の外気が流入したり室内に滞留することを防ぐため，室内の除湿を行うとともに空気を対流させるために空調設備を常時運転するなどの配慮が必要である．

b．断熱材の選定
(1) 蓄熱槽の種類と使用条件

2.1 蓄熱槽の種類に示す通り，蓄熱槽は，その蓄える熱の種類によって冷水槽，温水槽，冷温水槽，氷蓄熱槽に分類され，冷水槽や氷蓄熱槽の場合は0～5℃程度の常温より低い温度で運転されるのに対して，温水槽や冷温水槽は40～50℃の高温で運転されるため，蓄熱槽に使用する断熱材は，その耐熱性や高温条件下における耐圧性能等を考慮した上で決定する必要がある．

また，建物の地下に構築される蓄熱槽は，地下のピット空間を利用する場合が多く，一般的に5m程度までの水深のものが多いが，中には水深が10mを超えるような蓄熱槽が構築される場合がある．こうした蓄熱槽の場合は，特に最下部の床や壁に水深に応じた水圧が作用するため，断熱材の選定にあたっては，こうした水圧に十分に耐える耐圧性能を有する断熱材を選定する必要がある．

解説写真3.1.1に示す写真は，水深12mの蓄熱槽に使用した断熱材が水圧によって変形した事例である．

こうした断熱材の変形が生じることによって，防水層に不具合が生じて漏水が発生することがある．また，断熱材が変形して厚さが薄くなることによって，断熱材や防水層を固定しているビスが突出することによって防水層に不具合が生じることもある．

このような不具合や事故を防止するためには，蓄熱槽の種類や運転温度ならびに水深等を考慮した上で，使用条件下において十分な耐圧性能を有する断熱材を選定する必要がある．

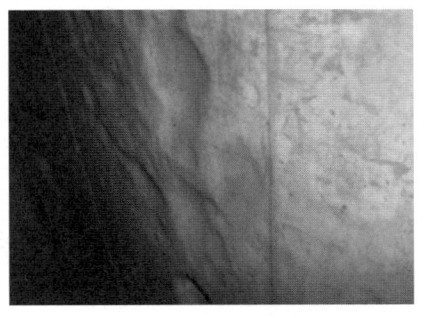

解説写真3.1.1 断熱材の変形事例

(2) 断熱材の種類と耐圧性能

　蓄熱槽に一般的に使用される断熱材のうち,「A種押出法ポリスチレンフォーム保温板」や「A種ビーズ法ポリスチレンフォーム保温板」は熱可塑性樹脂であるポリスチレン樹脂を原料としており,使用温度が高くなるにつれて圧縮強さ等の機械的強度が低下する性質がある.また,「建築物断熱用吹付け硬質ウレタンフォーム(B種)」は熱硬化性樹脂であるウレタン樹脂からなる断熱材であるが,プラスチックの特性として使用温度が高くなるにつれて機械的強度が低下する性質がある.したがって,これらの断熱材を使用する場合は,使用温度環境下における材料の圧縮特性を考慮した上で,材料の耐圧性能について確認を行う必要がある.

　解説表3.1.3は,一般的に蓄熱槽に使用される断熱材の材質と熱的特性の分類とJIS規格に基づく密度と圧縮強さの品質規格を参考までに示したものである.尚,JIS規格で規定する密度ならびに圧縮強さの規格値は下限値であり,蓄熱槽においては,蓄熱槽の水深に応じた水圧や温水槽使用時の温度に耐える性能が要求されることから,JIS規格で規定する密度や圧縮強さの規格値に対して高い性能を有するものが使用されることがある.

　蓄熱槽で使用される断熱材のうち,「A種押出法ポリスチレンフォーム保温板」と「A種ビーズ法ポリスチレンフォーム保温板」の圧縮強さは概ね密度に比例する傾向にあり,解説図3.1.1はそれぞれ市販されている製品の密度と圧縮強さを表したものである.

解説表3.1.3　蓄熱槽に使用される主な断熱材の種類と特性（JIS規格値より抜粋）

断熱材の種類	材質	熱的特性	JIS規格	密度 (kg/m³)	圧縮強さ (N/cm²)
A種押出法ポリスチレンフォーム保温板3種	ポリスチレン樹脂	熱可塑性	JIS A 9511:2006R 発泡プラスチック保温材	25以上	20以上
A種ビーズ法ポリスチレンフォーム保温板1号				30以上	16以上
建築物断熱用吹付け硬質ウレタンフォーム(B種)	ウレタン樹脂	熱硬化性	JIS A 9526:2006 (追補1:2010) 建築物断熱用吹付け硬質ウレタンフォーム	－	17以上

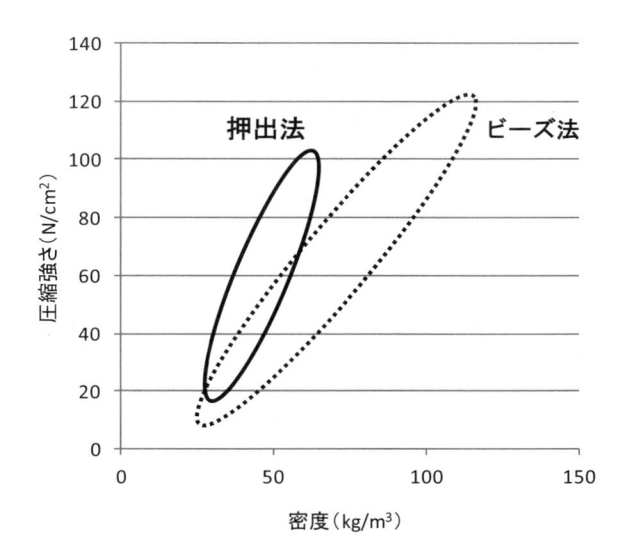

解説図 3.1.1 発泡ポリスチレン系断熱材の密度と圧縮強さの関係

　蓄熱槽に使用される断熱材の耐圧性能を検討するにあたっては，材料強度を示す圧縮強さや圧縮弾性率に従った弾性変形だけでなく，長期に渡って常時圧縮応力が作用することによって生じる圧縮クリープについても検討を行う必要がある．

　蓄熱槽に使用される断熱材のうち，「A種押出法ポリスチレンフォーム保温板」や「A種ビーズ法ポリスチレンフォーム保温板」は，いずれもポリスチレン樹脂を原料としており，ほぼ同じような熱的特性を有している．

　解説図 3.1.2 は，これら発泡ポリスチレン系断熱材の圧縮強さ温度依存性について，23℃における圧縮強さに対する各雰囲気温度における圧縮強さの変化率を測定した例で，雰囲気温度が高くなるにつれて圧縮強さが低下する傾向があることがわかる．尚，JIS A 9511 では，圧縮強さを圧縮変形率10%以内における最大圧縮応力と定義している．また，圧縮クリープ特性についても，「A種押出法ポリスチレンフォーム保温板」および「A種ビーズ法ポリスチレンフォーム保温板」は概ね同様の性質を示す傾向にある．解説図 3.1.3 はこれら発泡ポリスチレン系断熱材に常時圧縮応力が作用した場合の圧縮クリープ特性（常温）の例を表したものであり，断熱材に作用する圧縮応力をある一定の安全率に基づく許容圧縮応力（本グラフの場合は圧縮強さ×1/3）に設定することによって，圧縮クリープによる歪み量を一定の範囲内に抑制できることがわかる．

　蓄熱槽に使用する断熱材を選定するにあたっては，こうしたデータをもとに，蓄熱槽の種類や運転温度，水深等の使用条件に基づいて断熱材の耐圧性能を確認するとともに，適切な耐圧性能を有する断熱材を選定することが重要である．

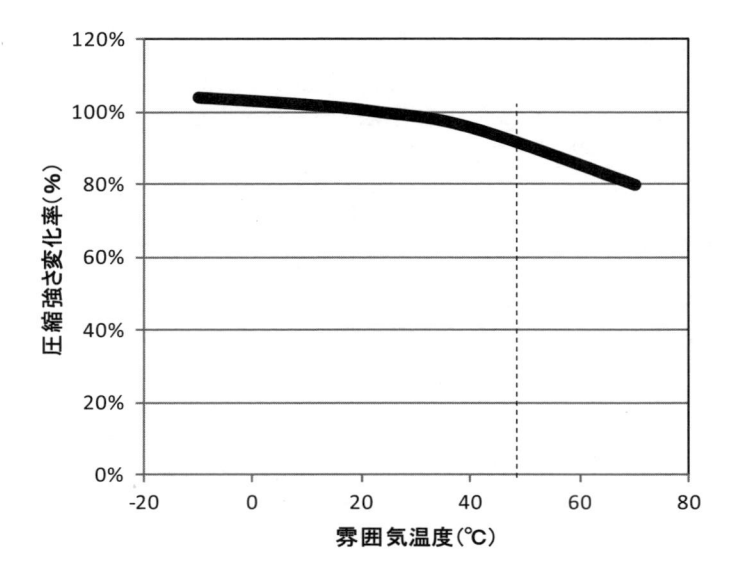

解説図 3.1.2　発泡ポリスチレン系断熱材の圧縮強さ温度依存性

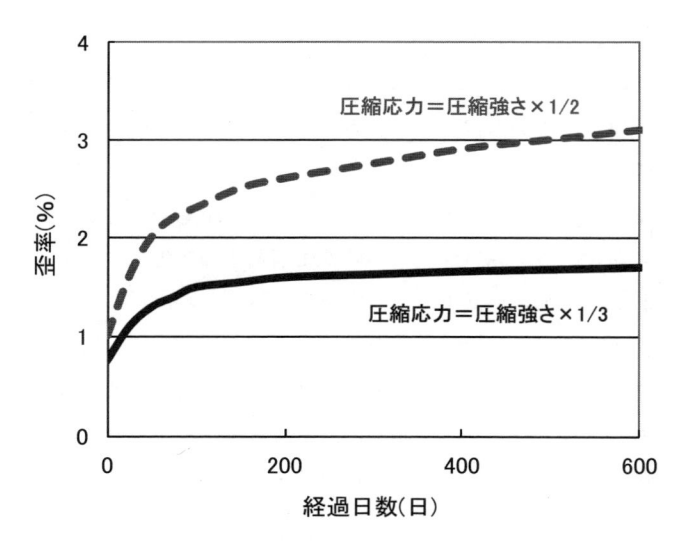

解説図 3.1.3　発泡ポリスチレン系断熱材の圧縮クリープ特性例（常温）

(3) 耐圧性能の検討例

蓄熱槽に使用する断熱材の耐圧性能を検討するにあたっては，解説図 3.1.2 および解説図 3.1.3 に示す圧縮温度依存性や圧縮クリープ等のデータを基に，蓄熱槽の種類や運転温度，水深等の諸条件に基づいた耐圧性能を検討する必要がある[1]．

尚，断熱材の耐圧性能については，実際に作用する水圧および使用温度による耐圧試験を行った上で耐圧性能を確認する等，各断熱材メーカーや防水工事業者ごとに検証を行っているため，各断熱材メーカーや防水工事業者に確認することが望ましい．

また，氷蓄熱槽の場合は，水槽内に氷蓄熱ユニット等の設備が設置されるため，これらの重量や設備基礎の設置方法も考慮した上で耐圧性能を検討する必要がある．

c．断熱層に湧水排水機能を付与する場合の排水経路の確保

建物の地階に構築される蓄熱槽の場合，床スラブや直接土に接する外周壁を透過して蓄熱槽内に流入する地下湧水への対処も必要である．

近年，蓄熱槽の床スラブや蓄熱槽の直接土に接する外周壁については，こうした地下湧水の発生に対処するため，断熱材自体に湧水排水溝を形成した湧水排水溝付き板状断熱材や，床断熱材の目地に湧水排水部材を設置する等の方法により，断熱層に湧水排水機能を付与した湧水排水断熱工法が多く採用されてきている．

このように断熱層に湧水排水機能を付与することによって，床スラブや直接土に接する外周壁から発生する湧水を蓄熱槽の外に排出することができ，断熱材や防水材に作用する背面水圧を防止することができる．

尚，断熱層内に湧水排水機能を持たせる場合は，予想される地下湧水量に対して十分な排水能力を持たせるとともに，界壁や隔壁の最下部には，十分な排水量を確保できる湧水排水管を設置することによって，湧水排水槽に通ずる排水経路を適切に設ける必要がある．

(1) 床スラブの湧水排水工法

蓄熱槽の床に用いられる湧水排水工法には，湧水排水溝付き板状断熱材を使用する工法，断熱材の目地に湧水排水部材を設置する工法，あるいは，板状断熱材の下面に湧水排水パネル（プラスチック成形品）を設置する工法がある．

解説図 3.1.4 は，「A種押出法ポリスチレンフォーム保温板」や「A種ビーズ法ポリスチレンフォーム保温板」等の板状断熱材の下面に湧水排水溝を設けた湧水排水溝付き板状断熱材を用いた場合の床の断面図を表すもので，こうした板状断熱材を使用することによって容易に湧水排水機能を付与することができる．

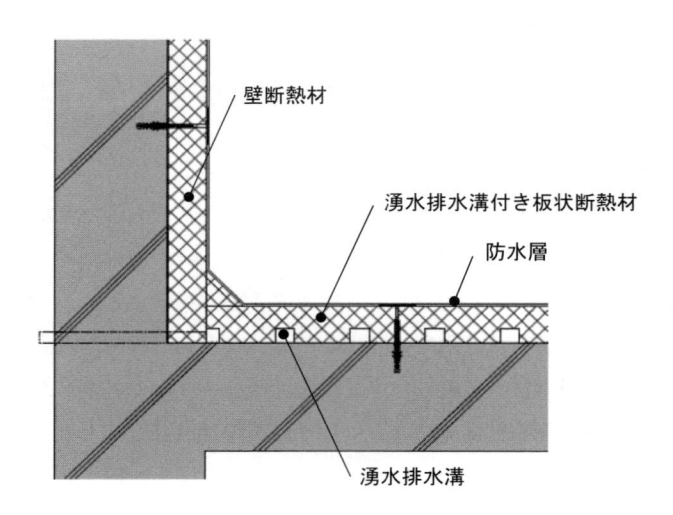

解説図 3.1.4　湧水排水溝付き板状断熱材を使用した例

(2) 注意点

　断熱層に湧水排水溝を設ける場合は断熱材が直接湧水に接することとなるため，吸水性のある断熱材を使用した場合は断熱材の吸水によって断熱材の断熱性能が低下する危険性がある．したがって，湧水排水機能を有する断熱層に使用する断熱材には，他の発泡プラスチック断熱材と比べて吸水性の低い「A種押出法ポリスチレンフォーム保温板」や「A種ビーズ法ポリスチレンフォーム保温板」が使用されている．

　また，床断熱材の下面側に湧水排水溝を設ける場合は，断熱材の接地面積が小さくなり，断熱材接地面に作用する単位面積当たりの圧縮応力が高くなるため，耐圧性能を検討する際には湧水排水溝形成に伴う耐圧強度の低下を考慮した上で耐圧性能の検討を行う必要がある．

3.1.3 断熱層の施工範囲

a．断熱層の施工範囲は表3.1.1を標準とする．

表3.1.1 断熱層の施工範囲

部位		冷水槽	温水槽	冷温水槽	氷蓄熱槽
天井スラブ上面		—	○ (注3)	—	—
槽内	天井	○	○ (注3)	○	○
	外周壁	○	○	○	○
	界壁 (注1)	○ (注4)	○ (注4)	○ (注4)	○ (注4)
	隔壁 (注2)	○ (注5)	○ (注5)	○ (注5)	○ (注5)
	床	○ (注6)	○	○	○ (注6)

(注1) 異なる温度で運転される水槽が隣接する場合の間仕切り壁をいう．
(注2) 同じ種類・温度で運転される水槽の間仕切り壁をいう．
(注3) 天井スラブ上面または天井面のいずれかに断熱をする．
(注4) 隣接する2つの水槽の界壁の両面に断熱をすることを推奨する．
(注5) 上階室の結露防止や熱損失防止のため，断熱補強を行うことを推奨する．
(注6) 熱損失の検討結果によっては断熱をしなくてよい．

b．水槽に付属する貫通管，設備配管，マンホールや，間仕切壁，梁，柱等の構造熱橋部には，熱損失や結露防止のために必要に応じて断熱補強を施す．

a. 断熱層の施工範囲

蓄熱槽で断熱材を必要とする範囲は表3.1.1「断熱の施工範囲」ならびに解説図3.1.5に示す通り，蓄熱槽の種類や運転温度に応じて，熱損失の低減や結露防止のために各部位に断熱材を施工する．

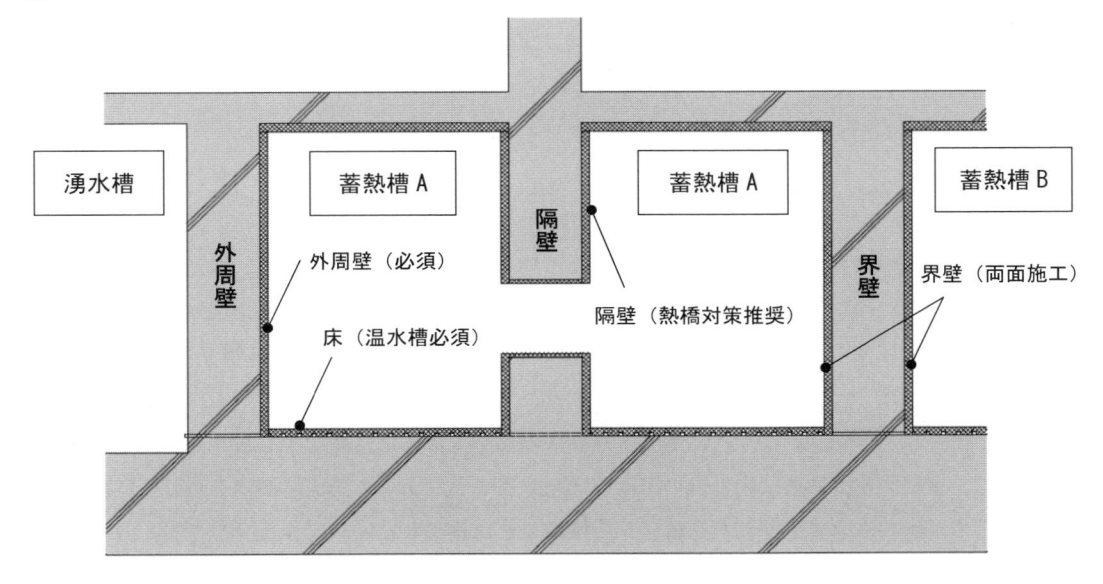

解説図3.1.5 断熱層の施工範囲

(1) 冷水槽

　　一般的に5℃程度の低温で運転される冷水槽の場合，隣接する部屋や地盤，構造熱橋から侵入する熱量を抑えるとともに，隣接する部屋の結露を防止するために，熱的境界となる槽内天井，外周壁，界壁の全面，ならびに，原則として床全面に断熱材を施工する．但し，解説図3.1.6に示すように，天井スラブ上面に断熱材を施工する場合は，スラブと断熱材の界面等に内部結露を生じたり，スラブ温度が低下して接続する蓄熱槽上階の壁の温度が低下することによって壁面に結露を生じる危険性があるため，天井スラブ上面に断熱材を施工することは推奨しない．

　　また，構造熱橋となる隔壁についても，隣接する部屋の結露防止や熱損失の低減のため，少なくとも熱的境界から1m程度の範囲を目安に断熱補強を施す．但し，隔壁の一定範囲のみ断熱材を施す場合は断熱材と躯体に段差を生じるため，防水層の施工を行うために防水層の下地として段差を解消する必要がある．したがって，防水層の平滑な下地を得るために隔壁についても全面断熱とすることが多い．尚，隔壁の断熱補強の範囲については，「b.断熱補強」で詳しく解説する．

　　さらに，熱的境界となる床面については，年間を通じて蓄熱槽と地盤の土中温度差が小さく侵入熱量が小さいため，蓄熱槽の性能に大きな影響を与えないと判断される場合は，断熱材の厚さを低減もしくは省略することも可能である．

(2) 温水槽

　　通常40〜50℃の高温で運転される温水槽の場合，隣接する部屋や地盤，構造熱橋への熱損失を低減するために，熱的境界となるスラブ天井上面もしくは槽内天井，外周壁，界壁，床全面に断熱材を施工する．

　　また，構造熱橋となる隔壁についても，熱損失の低減のため，少なくとも熱的境界から1m程度の範囲を目安に断熱補強を施す．但し，隔壁の一定範囲のみ断熱材を施す場合は断熱材と躯体に段差を生じるため，防水層の施工を行うために防水層の下地として段差を解消する手間が生じる．したがって，防水層の平滑な下地を整えるために，隔壁についても全面断熱とすることが多い．

(3) 冷温水槽

　　冷温水槽の場合，冷水槽として運転される期間に隣接する部屋や地盤，構造熱橋からの侵入熱を抑えるために，また，温水槽として運転される期間は外接する部屋や地盤，構造熱橋からの熱損失を低減するとともに，隣接する部屋の結露を防止するために熱的境界となる槽内天井，外周壁，界壁，床全面に断熱材を施工する．但し，天井スラブ上面に断熱材を施工する場合は，冷水槽として運転される際にスラブと断熱材の界面等に内部結露を生じたり，スラブ温度が低下して接続する蓄熱槽上階の壁の温度が低下することによって壁面に結露を生じる危険性があるため，天井スラブ上面に断熱材を施工することは推奨しない．

　　また，構造熱橋となる隔壁についても，冷水槽と同様に隣接する部屋の結露防止や熱損失の低減のため，少なくとも熱的境界から1m程度の範囲を目安に断熱補強を施す．但し，隔壁の一

定範囲のみ断熱材を施す場合は断熱材と躯体に段差を生じるため，防水層の施工を行うためには防水層の下地として段差を解消する必要がある．したがって，防水層の平滑な下地を得るために隔壁についても全面断熱とすることが多い．尚，隔壁の断熱補強の範囲については「b.断熱補強」で詳しく解説する．

(4) 氷蓄熱槽

氷蓄熱槽の場合，冷水槽と同様に隣接する部屋や地盤，構造熱橋から侵入する熱量を抑えるとともに，隣接する部屋の結露を防止するために，熱的境界となる槽内天井，外周壁，界壁，床全面に断熱材を施工する．但し，天井スラブ上面に断熱材を施工する場合は，スラブと断熱材の界面等に内部結露を生じたり，スラブ温度が低下して接続する蓄熱槽上階の壁の温度が低下することによって壁面に結露を生じる危険性があるため，天井スラブ上面に断熱材を施工することは推奨しない．

また，構造熱橋となる隔壁についても，隣接する部屋の結露防止や熱損失の低減のため，少なくとも熱的境界から1m程度の範囲を目安に断熱補強を施す．但し，隔壁の一定範囲のみ断熱材を施す場合は断熱材と躯体に段差を生じるため，防水層の施工を行うために防水層の下地として段差を解消する必要がある．したがって，防水層の平滑な下地を得るために，隔壁についても全面断熱とすることが多い．尚，隔壁の断熱補強の範囲については「b.断熱補強」で詳しく解説する．

尚，壁面および床面にはいずれの種類の蓄熱槽も断熱材の槽内側に防水層を施工するが，蓄熱槽内天井については，温水槽および温水槽として運転する期間を有する冷温水槽の天井には断熱材や上階への水蒸気の侵入を防止する目的で防水層を施工するのに対して，冷水槽および氷蓄熱槽については，ほぼ年間を通じて水蒸気が上階側から蓄熱槽内側に移動するため，断熱材表面に防水層がある場合は断熱材の内部で内部結露を生じる危険性があるので防水層の施工を必要としない．(解説図3.1.7，解説図3.1.8参照)

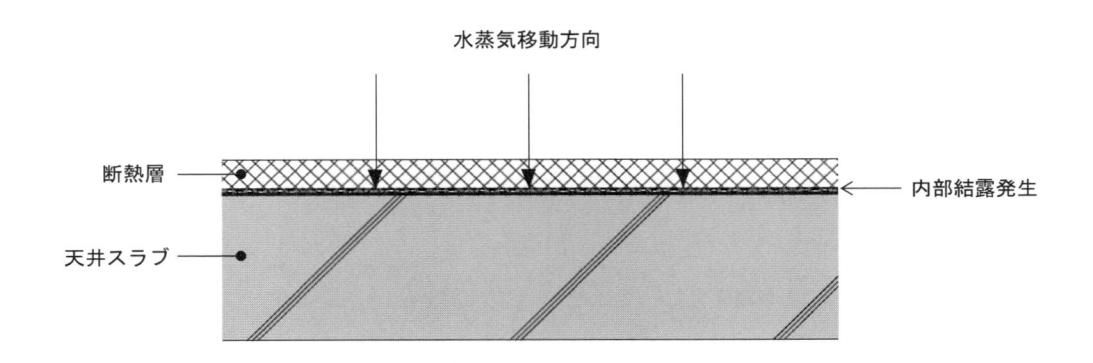

解説図 3.1.6　冷水槽の天井スラブ上面に断熱材を施工する場合の問題

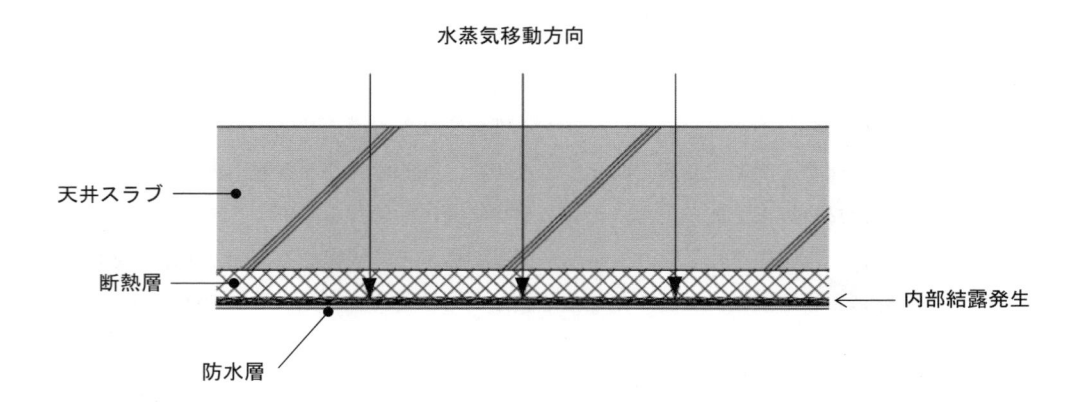

解説図 3.1.7 冷水槽及び氷蓄熱槽天井に防水層を施工した場合

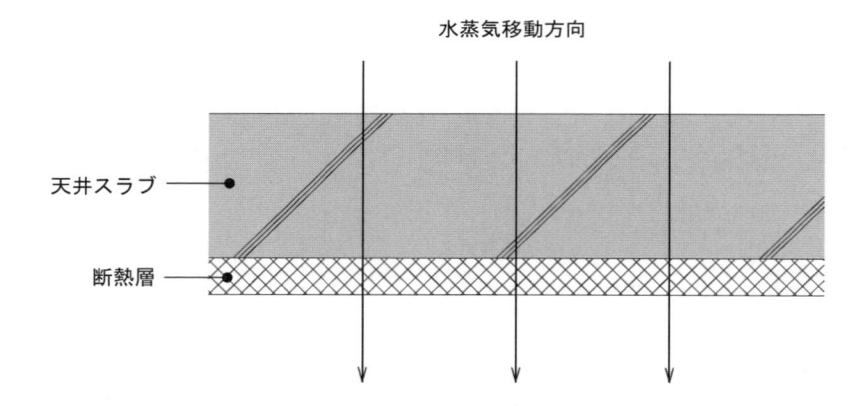

(天井スラブ／断熱層／防水層、水蒸気移動方向、内部結露発生)

解説図 3.1.8 冷水槽天井に防水層を施工しない場合

(天井スラブ／断熱層、水蒸気移動方向)

b. 断熱補強

　建物の地下に構築される蓄熱槽の場合，コンクリート躯体の槽内側に断熱材が施工されるため，隔壁や梁と外壁ならびに天井スラブ等との取合部で構造熱橋を生じる．また，隔壁や梁には，連通管，通気管，オーバーフロー管，排水管等の貫通管が設けられる．これら構造熱橋部や貫通管に適切に断熱材が施工されなかった場合，こうした断熱欠損部からの熱損失が大きくなるとともに，冷水槽や氷蓄熱槽として運転される場合は，熱的境界に隣接する部屋の躯体表面の温度が低下し，特に夏季において隣接する部屋の躯体表面に表面結露が発生する危険性がある．

　このような隣接する部屋で発生する結露を防止するためには，構造熱橋部や貫通管に必要に応じて断熱補強を施す必要がある．

(1) 結露の危険性と対策

　　冷水槽や氷蓄熱槽の隣接する部屋の床や壁に，特に夏季において表面結露が発生することがある．こうした冷水槽や氷蓄熱槽の隣接する部屋に発生する結露の原因と対策を整理すると解説表3.1.4のようになる．

解説表3.1.4　冷水槽等に隣接する部屋で発生する夏季結露の主な原因と対策

結露の原因	対　策
天井スラブ下や外周壁の断熱性能不足	適切な断熱材厚さを確保する． 厚さ50mm以上，熱抵抗 $R=1.3m^2K/W$ 以上の断熱材とすることが望ましい．
構造熱橋部 （梁，柱，隔壁，界壁） の断熱欠損	適切な断熱補強を施す． 梁または隔壁はスラブ下1m以上を目安に断熱補強を施す． 壁厚が1mを超える場合は壁厚と同等の長さまでスラブ下に断熱補強を施す．
貫通管（通気管，連通管等）の断熱欠損	必要に応じて断熱補強を施す． 一般的にはスラブ下1m以内，壁厚が1mを超える場合は壁厚と同等の長さ以内に貫通管が設置される場合は，連通管の外周に厚さ20mm以上，熱抵抗 $R=0.5m^2K/W$ 以上の断熱材を，その他の躯体貫通孔に厚さ10mm以上，熱抵抗 $R=0.3m^2K/W$ 以上の断熱材とすることが望ましい．
マンホールの断熱欠損	マンホール外周に断熱材を設置する． 断熱マンホール（断熱材裏打ちタイプ）を使用する．
隣接する部屋への高湿空気の流入や発生，滞留 （除湿・換気不足）	室内に（高温）多湿の空気が流入しないように注意する． 室内の湿度が高くならないように除湿を行う． 常時空調運転を行う，あるいは，空気を循環させること等により，室内に空気が滞留しないように注意する．

解説図3.1.9と3.1.10は,冷水槽の隔壁と天井スラブとの取合いの構造熱橋部に断熱補強を施さない場合と施した場合について,夏季における上階室の結露発生条件を二次元伝熱計算プログラムによって算出したもので,本シミュレーション結果より,構造熱橋部に断熱補強を施すことによって夏季における上階室の表面結露の危険性を低減できることがわかる.

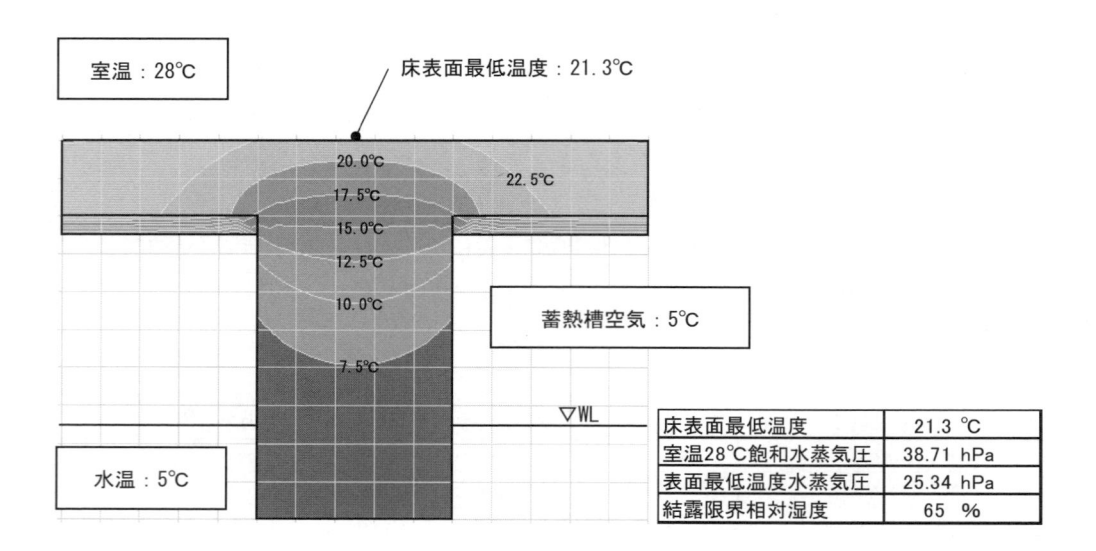

解説図 3.1.9　冷水槽の隔壁と天井スラブの取合い部（断熱補強無し）

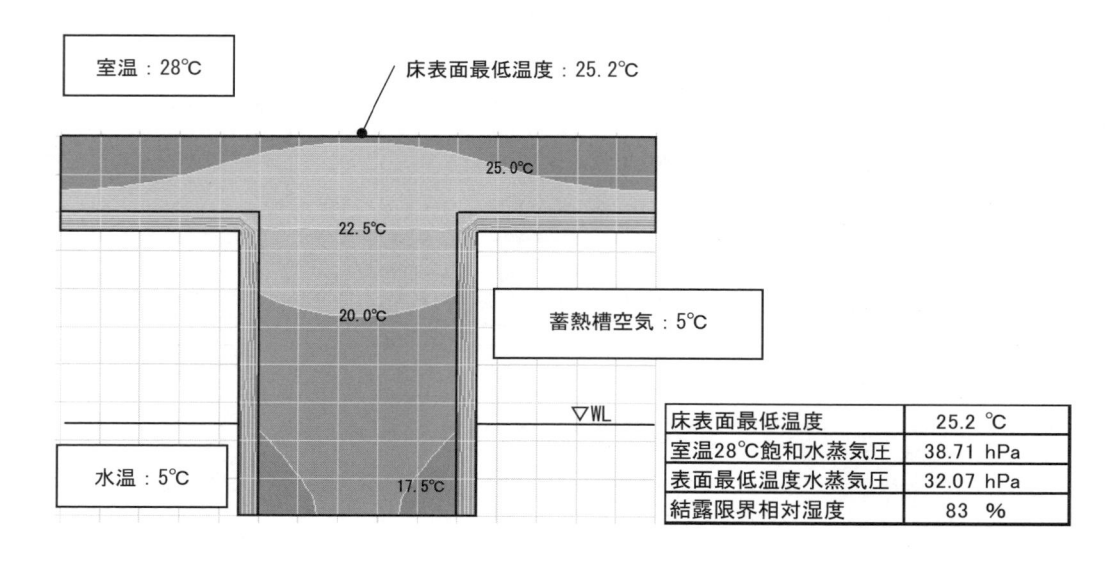

床表面最低温度	21.3 ℃
室温28℃飽和水蒸気圧	38.71 hPa
表面最低温度水蒸気圧	25.34 hPa
結露限界相対湿度	65 %

解説図 3.1.10　冷水槽の隔壁と天井スラブの取合い部（断熱補強有り）

床表面最低温度	25.2 ℃
室温28℃飽和水蒸気圧	38.71 hPa
表面最低温度水蒸気圧	32.07 hPa
結露限界相対湿度	83 %

3章 断熱・防水設計 － 43 －

　解説図 3.1.11 と 3.1.12 は，冷水槽の大梁や小梁に断熱補強を施さない場合と施した場合について，夏季における上階室の結露発生条件を二次元伝熱計算プログラムによって算出したもので，本シミュレーション結果より，大梁や小梁に断熱補強を施すことによって夏季における上階室の表面結露の危険性を低減できることがわかる．

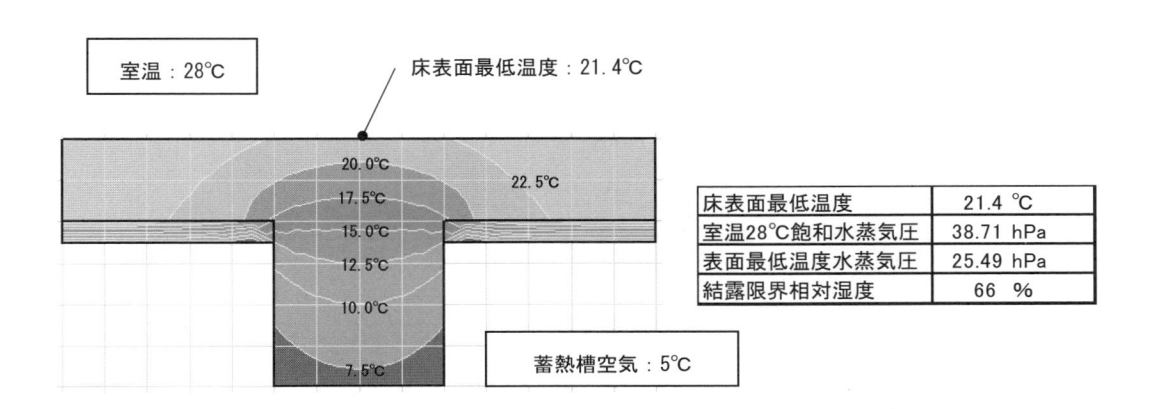

室温：28℃　床表面最低温度：21.4℃

20.0℃
22.5℃
17.5℃
15.0℃
12.5℃
10.0℃
7.5℃

蓄熱槽空気：5℃

床表面最低温度	21.4 ℃
室温28℃飽和水蒸気圧	38.71 hPa
表面最低温度水蒸気圧	25.49 hPa
結露限界相対湿度	66 %

解説図 3.1.11　冷水槽の大梁や小梁と天井スラブの取合い部（断熱補強無し）

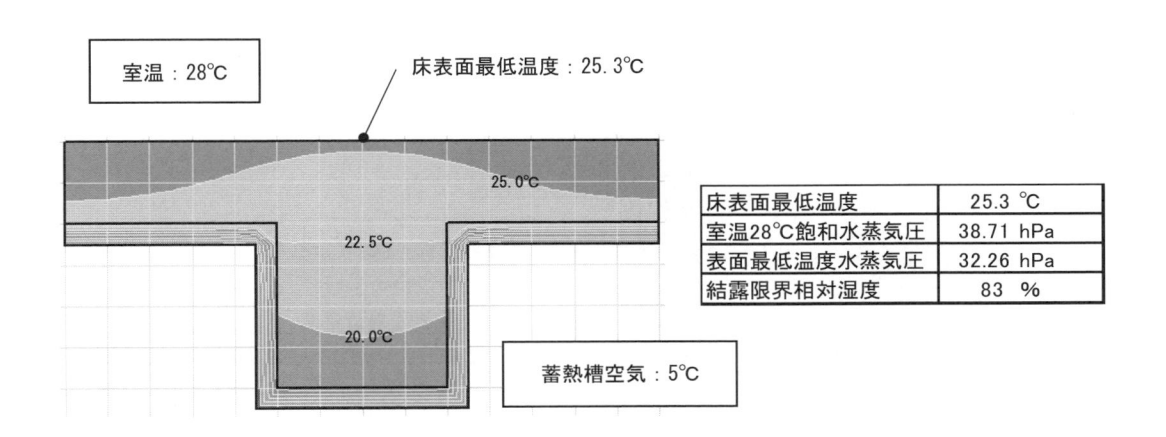

室温：28℃　床表面最低温度：25.3℃

25.0℃
22.5℃
20.0℃

蓄熱槽空気：5℃

床表面最低温度	25.3 ℃
室温28℃飽和水蒸気圧	38.71 hPa
表面最低温度水蒸気圧	32.26 hPa
結露限界相対湿度	83 %

解説図 3.1.12　冷水槽の大梁や小梁と天井スラブの取合い部（断熱補強有り）

解説図 3.1.13 と 3.1.14 は，冷水槽の隔壁上部に設置された連通管に断熱材を施さない場合と施した場合について，夏季における上階室の結露発生条件を二次元伝熱計算プログラムによって算出したもので，本シミュレーション結果より，連通管に断熱材を施すことによって夏季における上階室の表面結露の危険性を低減できることがわかる．

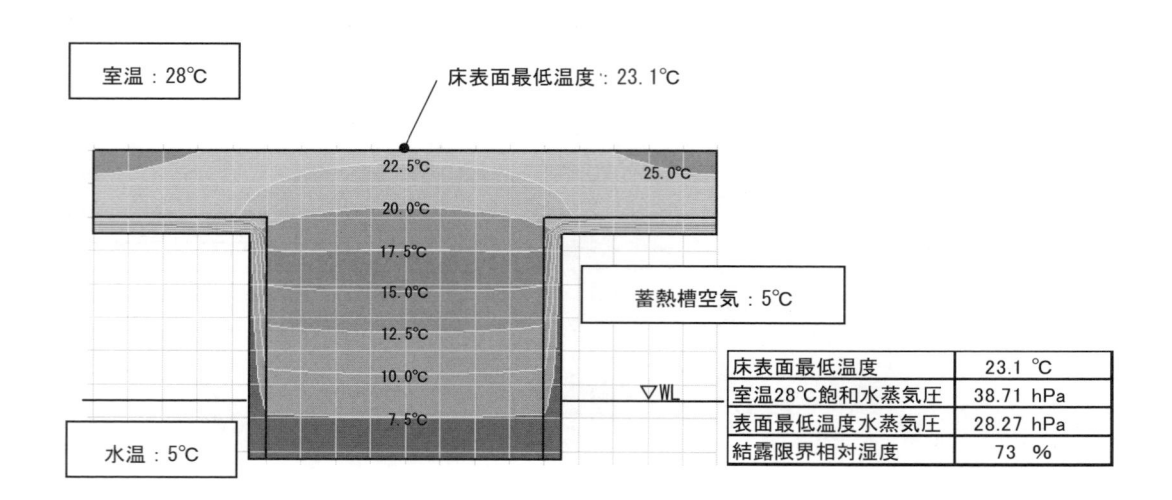

床表面最低温度	23.1 ℃
室温28℃飽和水蒸気圧	38.71 hPa
表面最低温度水蒸気圧	28.27 hPa
結露限界相対湿度	73 %

解説図 3.1.13　連通管設置部分（断熱補強無し）

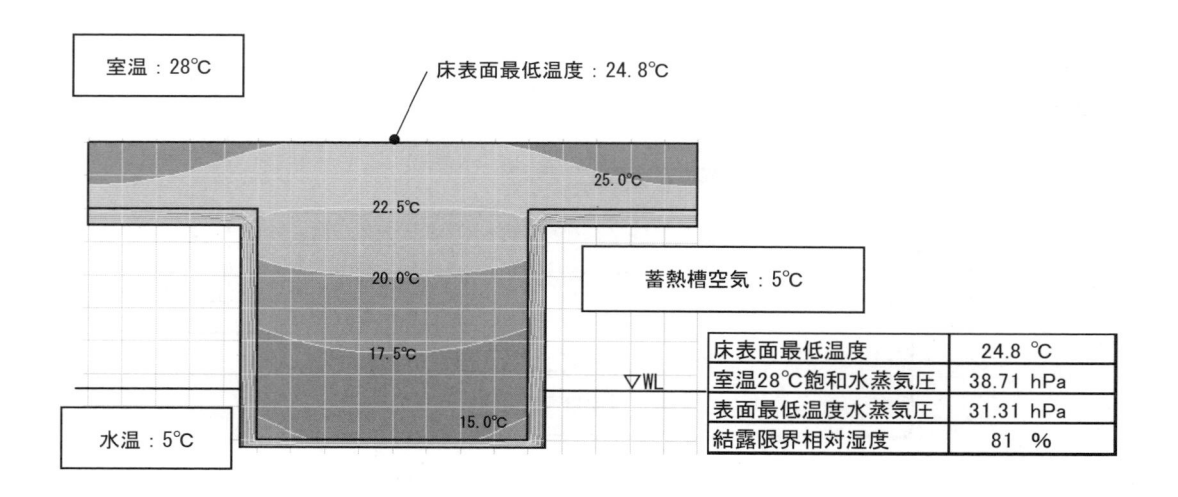

床表面最低温度	24.8 ℃
室温28℃飽和水蒸気圧	38.71 hPa
表面最低温度水蒸気圧	31.31 hPa
結露限界相対湿度	81 %

解説図 3.1.14　連通管設置部分（断熱補強有り）

(2) 断熱補強の仕様

　構造熱橋部や貫通管外周における断熱補強について，本技術指針で推奨する仕様をまとめると解説表 3.1.5 の通りとなる．

解説表 3.1.5　断熱補強の仕様

部位	種類	仕様	参考図
構造熱橋部	大梁 小梁	梁側および梁底に断熱補強を施す．厚さ 50mm 以上，熱抵抗 R=1.3m^{2}K/W 以上の断熱材とすることが望ましい．	
	界壁 地中梁	スラブ下から 1m 以上の範囲に断熱補強を施す．壁厚が 1m を超える場合は，スラブ下から壁厚と同等長さの範囲に断熱補強を施す．厚さ 50mm 以上，熱抵抗 R=1.3m^{2}K/W 以上の断熱材とすることが望ましい．	

	柱	壁と同等の厚さの断熱材で柱全体を覆う．	
貫通管	通気管	スラブ下 1m 以内に接して設置される通気管の外周に，必要に応じて厚さ 10mm 以上，熱抵抗 R=0.3m²K/W 以上の断熱補強を行う．	通気管
	連通管	スラブ下 1m 以内に接して設置される管の外周に厚さ 20mm 以上，熱抵抗 R=0.5m²K/W 以上の断熱補強を行う．	連通管（1000mm 以内）
	排水管	蓄熱槽最下部に設置される排水管や湧水排水管については通常は断熱補強を必要としない．	
マンホール	外周	マンホールの外周に厚さ 20mm 以上，熱抵抗 R=0.5m²K/W 以上の断熱材を施工する．	断熱マンホール／断熱補強／天井断熱材
	蓋	蓋の裏面に断熱材が取り付けられた断熱マンホール，または，断熱材が充填された断熱マンホールとする．	

3.2 防水層設計

3.2.1 防水材

> 蓄熱槽の防水材は，蓄熱槽としての使用環境条件に耐えて，長期の防水性能を備えていなければならない．特に蓄熱槽特有の水圧や使用温度に対して，防水性能を保持できるものでなければならない．

建築物に用いられるメンブレン防水工法は，「建築工事標準仕様書・同解説　JASS8　防水工事」（日本建築学会）によると，アスファルト防水工法，改質アスファルト防水工法，合成高分子系シート防水工法，塗膜防水工法に分類される．

本技術指針においては，蓄熱槽の要求性能に合致した防水工法および材料を取り上げるものとする．

蓄熱槽の防水材として現在使用されているものを解説表3.2.1に示す．

解説表3.2.1　防水材の種類

分類	材質	参考規格
シート	塩化ビニル樹脂系	JIS A 6008:2002　合成高分子系ルーフィングシート
塗膜	ウレタンゴム系（高強度形）	JIS A 6021:2011　建築用塗膜防水材
	エポキシ樹脂系	下水道コンクリート構造物の腐食抑制技術および防食技術マニュアル(2012.7)準拠　（日本下水道事業団）
シート＋ポリマーセメントモルタル複合	高密度ポリエチレン＋ポリプロピレン系	防水材料製造業者品質規格　（解説表3.2.4参照）
	ポリマーセメントモルタル	JIS A 6916:2006　建築用下地調整塗材

これらの材料は各固有の工法および他の材料との組み合わせで施工された上で，蓄熱槽断熱防水の要求を満たし特性を発揮する．そのため断熱防水工法としての特徴は3.3断熱防水工法で述べることとし，ここでは一般的な材料の特徴を述べる．

各防水材の特徴について解説表3.2.2に示す．

解説表 3.2.2　防水材の特徴

項　目	分　類			
	シート	塗膜		シート＋ポリマーセメントモルタル複合
材　質	塩化ビニル樹脂系	ウレタンゴム系（高強度形）	エポキシ樹脂系	高密度ポリエチレン＋ポリプロピレン系
施工法	入隅部等に塩化ビニル被覆鋼板を機械的に固定しシートを溶着する	2成分を混合し吹付けまたは塗布する	2成分を混合し吹付けまたは塗布する	ポリマーセメントモルタルを塗布後上記シートを張り一体化
引張強さ	1800 以上 [注1] (N/cm^2)	1000 以上 [注1] (N/cm^2)	1600 以上 [注2] (N/cm^2)	50 以上 [注2] (N/cm) [注3]
伸び率（％）	200 以上 [注1]	200 以上 [注1]	5 以上 [注2]	30 以上 [注2]
使用上限温度(℃)	70	55	50	70
その他の特徴	・溶剤溶着，熱融着で材料を一体化． ・複雑な納まりは役物等で工夫する．	・複雑な納まりも施工できる． ・無溶剤タイプである． ・部分的補修が容易である．	・複雑な納まりも施工できる． ・無溶剤タイプである． ・部分的補修が容易である．	・無溶剤タイプである．

（注1）：JIS規格値　（注2）：実測値　（注3）：JIS A 6008:2002 の複合シート試験規格に準拠した単位

(1) 塩化ビニル樹脂系シート防水材

　塩化ビニル樹脂系シートは合成高分子系シート防水工法に用いられる材料で，屋上からプール，水槽，土木まで広く用いられる防水材である．工場で塩化ビニル樹脂系シートを生産し，現場で溶剤溶着もしくは熱融着により接合一体化する工法として用いられている．

　一般的に下地にシートを接着する接着工法か，固定金具を下地に固定しそれにシートを接合する機械的固定工法で用いられているが，蓄熱槽においては機械的固定工法が採用されている．

　塩化ビニル樹脂系シートは塩化ビニル樹脂を主原料とし，これに可塑剤・安定剤・充填剤・着色剤等を配合したシート状の防水材で，均質のものと繊維等で補強されたシートがある．その配合設計と繊維補強によりそれぞれの用途に合わせた特性を有している．

　工場でシートを製造するため，物性や寸法が一定で品質が安定している．また複雑な納まりに対しては，同じ材質で形状に合わせた成形品の防水役物で対応している．

　防水材としての塩化ビニル樹脂系シートは強度および伸びが大きく優れた物性を有しているため，躯体の挙動による影響をうけにくい特質がある．

(2) ウレタンゴム系塗膜防水材

　ウレタンゴム系塗膜防水材は，施工時に主剤と硬化剤（あるいはA剤とB剤）を反応させる2成分形，湿気硬化型の1成分形がある．両者ともゴム弾性のある塗膜防水層を形成する．

　ウレタンゴム系塗膜防水材の一つである高強度形（JIS A 6021:2011）は，耐水性や，「伸び」や

「引張り」などの機械的特性に優れ，屋上，駐車場，地下躯体，水槽の防水材として使われており，本技術指針の断熱防水工法の防水材としても高強度形(JIS A 6021:2011)が用いられている．

防水材を塗布するため複雑な形状へ容易に追随でき，継目の無いシームレスな防水層の形成が出来る．また硬化時間が早いため，平場と立ち上がり部を同一材料で施工できると共に，セルフレベリング性が無いため，塗膜の厚みが下地の凹凸に左右されにくい特徴を持つ．一方，形成された防水層の膜厚の管理に注意が必要である．

(3) エポキシ樹脂系塗膜材

エポキシ樹脂とは，1分子中に2個以上のオキシラン環(エポキシ基)をもち，適切な硬化剤によって3次元化した硬化物を与える熱硬化性樹脂の総称であり，ビスフェノールA型，ビスフェノールF型，ノボラック型，過酢酸系など多くの種類が存在する．しかし，一般的には，ビスフェノールAとエピクロルヒドリンの反応で製造されるビスフェノールAジグリシジルエーテル(DGEBA)を指すことが多い．硬化剤としてはアミン系，酸無水物系，イミダゾール系など多岐にわたり，各種硬化剤の選択により，室温硬化，高温硬化が可能となり，各種変性も広範にできる．また，硬化反応が開環重合なので他の熱硬化性樹脂に比べ，硬化収縮が小さいという特徴を持っている．

ビスフェノールAのベンゼン環が，耐薬品性，接着性，強靭性，耐熱性に優れた特性を与えると共に，分子内に親水基と疎水基が存在するため，各種被接着体との接着性が極めて大きい特性を持つ．

以上の特性を活かし，使用用途に合わせた各種硬化剤との組合せ，配合比率が工夫され，製品化されている．

蓄熱槽の断熱防水の分野においてもビスフェノールA型のエポキシ樹脂が，日本下水道事業団「下水道コンクリート構造物の腐食抑制技術及び防食技術マニュアル」[2] B種ライニング工法品質規格に基づき製造され，その優れた防水性能，接着性を活かし，特に吹付け断熱材(硬質ウレタンフォーム)との線膨張係数が極めて近似していること(エポキシ樹脂：$4 \sim 8 \times 10^{-5}$／K，吹付け断熱材(硬質ウレタンフォーム)：$7 \sim 8 \times 10^{-5}$／K)から，吹付け断熱材とエポキシ樹脂系塗膜材を防水層として組合せて古くから使用されている．なお，「下水道コンクリート構造物の腐食抑制技術及び防食技術マニュアル」(日本下水道事業団)による塗布型ライニング工法の品質規格を解説表3.2.3に示す．

防水材を塗布するため複雑な形状への施工性や，継目の無いシームレスな防水層の形成が出来る．一方，形成された防水層の膜厚の管理や，槽内作業における臭気対策として，施工時の換気等安全対策に注意が必要である．

解説表 3.2.3 塗布型ライニング工法の品質規格

項目＼規格＼工法	A 種	B 種	C 種	D 種
被覆の外観	被覆にしわ，むら，はがれ，われのないこと．	同左	同左	同左
コンクリートとの接着性	標準状態 $1.5N/mm^2$ 以上 吸水状態 $1.2N/mm^2$ 以上	同左	同左	同左
耐酸性	pH3 の硫酸水溶液に 30 日間浸漬しても被覆にふくれ，われ，軟化，溶出がないこと．	pH1 の硫酸水溶液に 30 日間浸漬しても被覆にふくれ，われ，軟化，溶出がないこと．	10％の硫酸水溶液に 45 日間浸漬しても被覆にふくれ，われ，軟化，溶出がないこと．	10％の硫酸水溶液に 60 日間浸漬しても被覆にふくれ，われ，軟化，溶出がないこと．
硫黄浸入深さ	―	―	10％の硫酸水溶液に 120 日間浸漬した時の侵入深さが設計厚さに対して 10％以下であること，かつ，$200\mu m$ 以下であること．	10％の硫酸水溶液に 120 日間浸漬した時の侵入深さが設計厚さに対して 5％以下であること，かつ，$100\mu m$ 以下であること．
耐アルカリ性	水酸化カルシウム飽和水溶液に 30 日間浸漬しても被覆にふくれ，われ，軟化，溶出がないこと．	同左	水酸化カルシウム飽和水溶液に 45 日間浸漬しても被覆にふくれ，われ，軟化，溶出がないこと．	水酸化カルシウム飽和水溶液に 60 日間浸漬しても被覆にふくれ，われ，軟化，溶出がないこと．
透水性	透水量が 0.30g 以下	透水量が 0.25g 以下	透水量が 0.20g 以下	透水量が 0.15g 以下

(4) シート＋ポリマーセメントモルタル複合の防水材

シート＋ポリマーセメントモルタル複合の防水材は，高密度ポリエチレン＋ポリプロピレン系植毛材複合シートとポリマーセメントモルタルが組み合わされて使用される．

高密度ポリエチレン＋ポリプロピレン系植毛材複合シートは，地下外周壁，水槽，オイルタンク等に適用できる防水材である．

高密度ポリエチレンとポリプロピレン系植毛材をラミネートし一体成形したシートであり，その構成を解説図 3.2.1 に示す．植毛材があることで，ポリマーセメントモルタルとの接着性が良い．

工場でシートを製造する為，物性や寸法が一定で品質が安定している．

なお，高密度ポリエチレン＋ポリプロピレン系植毛材複合シートの防水材料製造業者の品質規格を解説表 3.2.4 に示す．

ポリマーセメントモルタルは，セメントと珪砂およびアクリル樹脂を主成分とし，水で練り合わ

せてコンクリート面への高密度ポリエチレン＋ポリプロピレン系植毛材複合シートの接着剤として使用する．

また，板状断熱材の接着固定および仕上げ層として使用する．

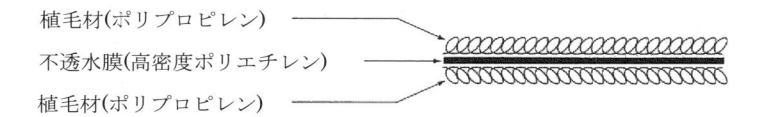

植毛材(ポリプロピレン)
不透水膜(高密度ポリエチレン)
植毛材(ポリプロピレン)

解説図 3.2.1　高密度ポリエチレン＋ポリプロピレン系植毛材複合シート断面

解説表 3.2.4　高密度ポリエチレン＋ポリプロピレン植毛材複合シートの品質規格

項　目	規　格　値	備　考
重　量 (g/m²)	200　以上	
引張強さ (N/cm)	50　以上	JIS A 6008:2002 の複合シート試験規格に準拠
伸び率 (%)	30　以上	

3.2.2　要求性能

> a．蓄熱槽の防水層は，槽内水の漏水を長期にわたって防止できるものでなければならない．
> b．蓄熱槽の防水層は，対象となる槽内水の温度と水質に適合していなければならない．
> c．蓄熱槽の防水層は，槽内水の水圧に対して防水性能を維持しなければならない．
> d．蓄熱槽の防水層は，槽外からの地下湧水の浸入に対して防水性能を維持しなければならない．

a．槽内水の防水は，断熱層上の防水層で行う．防水層は，シート・塗膜・ポリマーセメントモルタルなどの防水材を用いて，槽内の環境に適合した防水性能が得られることが必要である．所要の防水性能を得るには，良好な品質の材料を用いることが基本であり，出隅・入隅・貫通管周りなどの特殊部位の施工が良好であることが必要である．

解説表 3.1.5 に示す様に界壁・地中梁等の断熱補強部で段差が生じる場合には，防水の納まりに注意し，防水性能を維持できる納まりとしなければならない．

また，断熱材と防水材との接着もしくは接触が，長期間にわたって安定した状態が得られる両者の材質の組合せが望ましい．特に塩化ビニル樹脂系シートの防水材の場合は，断熱材への可塑剤移行があるため，可塑剤移行防止層を設ける必要がある．

b．蓄熱槽の防水層は，一般的な使用時の水温(0(水)～50℃)，水深(1～8m)，水流(0.1～0.3m/sec)，水質(耐薬品性)および使用期間中における点検・清掃時の外力に対して，長期間にわたり防水性能を維持できるものでなければならない．

特に温水槽においては温水および飽和水蒸気の厳しい条件にさらされるので，長期にわたる耐久

性も考慮する必要がある．

更に蓄熱槽に使用する水は上水あるいは地下水であり，それらの含有成分による機器および配管類の障害を防止するために水処理剤が添加されることがある．使用する水処理剤に対しては，防水層が変質・劣化しないかあらかじめ確認しておき，明確でないものはその都度確認する必要がある．

ｃ．温度成層型蓄熱槽等では，効率化のために水深を大きくとり，水圧が大きくなる場合がある．また，使用温度によっては断熱材の線膨張や圧縮強度低下による寸法変化が想定される．断熱材はこれらを考慮して選定しなければならないが，微小な寸法変化は必ずしも発生を防ぐことはできない．防水層は水圧や断熱材の変形に対して追従性を有し，防水性能を維持できるものでなければならない．

ｄ．現在では現場築造型の蓄熱槽は建築物地下階に構築されることが主流であり，この場合地下湧水の浸入は避けて通れない問題である．

防水層は蓄熱槽の内面の防水のみならず，槽外からの湧水の浸入に対しても防水性能を維持しなければならない．

しかしながら湧水の地下水圧に対して防水の機能を維持し続けることは困難であり，特に槽内水を排水したときには地下水圧によって防水層が破壊する恐れが大きい．

そのため湧水の浸入防止対策もしくは湧水排水対策が必須となる．

湧水の浸入防止対策としては，建物自体の止水処理または躯体に防水を施す方法があるが，外壁や床スラブからの浸水や完全な躯体の止水・防水は困難な状況であるため，解説図 3.2.2 に示すように蓄熱槽の外周部には湧水槽を配置し，床底部には湧水排水対策が必要である．

湧水排水対策としては解説図 3.2.3 で示すような湧水排水溝付き板状断熱材を用いた工法や，3.3.1 断熱防水工法の種類で示すような各工法に適合した湧水排水工法が必要である．なおその工法においては湧水排水口のつまりによる排水不良を防止するために，湧水排水口は複数設けることが望ましい．

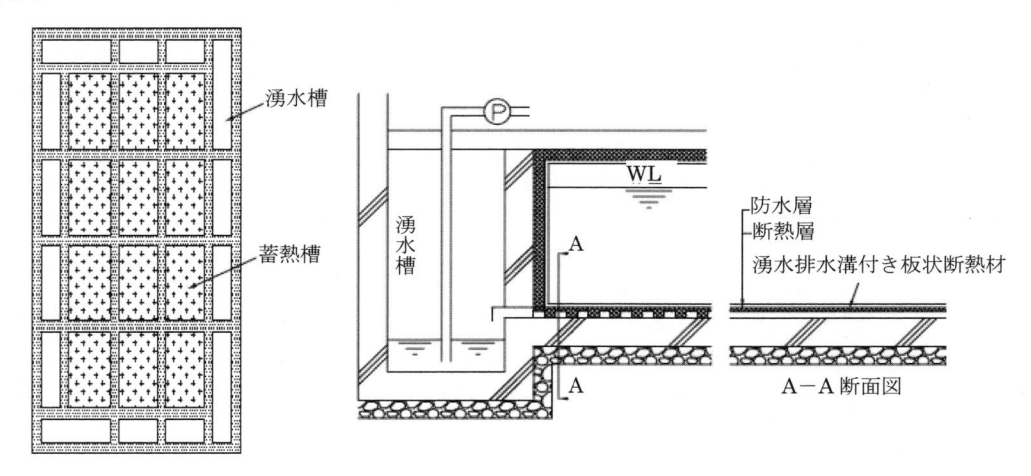

解説図 3.2.2 湧水対策例(1)　　　　　**解説図 3.2.3** 湧水対策例(2)

3.2.3　防水層の施工範囲

> a．蓄熱槽の防水層の施工範囲は，表3.2.1を標準とする．
>
> 表3.2.1　防水層の施工範囲
>
> | 部　位 | | 冷水槽 | 冷温水槽 | 温水槽 | 氷蓄熱槽 |
> |---|---|---|---|---|---|
> | 天井スラブ上面 | | ○(注3) | ○(注3) | ○(注3) | ○(注3) |
> | 槽内 | 天井面 | －(注1) | ○(注2) | ○(注2) | －(注1) |
> | | 壁面 | ○ | ○ | ○ | ○ |
> | | 床面 | ○ | ○ | ○ | ○ |
>
> (注1)　防水層を設けない．
> (注2)　防水層を設ける．
> (注3)　天井スラブから漏水を生じる可能性がある場合は防水する．
>
> b．蓄熱槽に付属する貫通管および設備配管の周りについても，防水層を貫通する部分は防水する．

　a．防水層は，壁・床の全面に施工することを原則とし，天井面は使用する水温との関係によって決まる．

　すなわち表3.2.1(注1)に示すように，冷水槽・氷蓄熱槽の場合は槽内天井面には防水層を設けない．解説図3.2.4に示すように冷水槽・氷蓄熱槽では水蒸気は槽外側から槽内側に向かって移動する．解説図3.1.7に示すように断熱層の槽内側に防水層があると防水層と断熱層の境界で内部結露が発生し，その結果結露水が防水層で滞留し，かえって断熱層・防水層に不具合を生じさせる原因ともなるからである．

　また表3.2.1(注2)に示すように，温水槽では天井面に防水層を設ける．解説図3.2.5に示すように温水槽では，水蒸気は槽内側から槽外側に向かって移動する．そのため吸湿による断熱材の断熱性能低下や，上階への水蒸気の浸入を防止する必要があり，槽内天井面に防湿の為に防水層を代用して設ける．

　冷温水槽では，季節により冷水槽もしくは温水槽として利用され水蒸気の移動方向が異なるが，冷水運転時に発生した結露水は温水運転時に揮散することから，温水槽と同じく防水層を設ける．

　さらに表3.2.1(注3)に示すように，蓄熱槽の上部から水が浸水する可能性のある場合には，天井スラブ上面に防水層を設けることが望ましい．

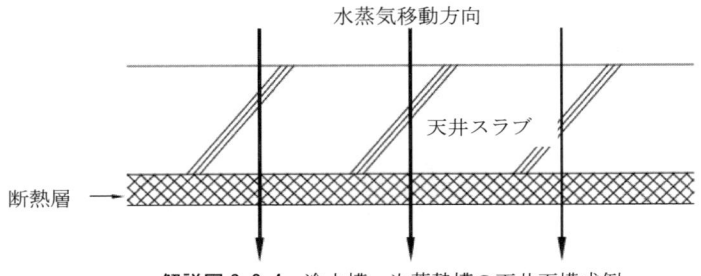

解説図3.2.4　冷水槽・氷蓄熱槽の天井面構成例

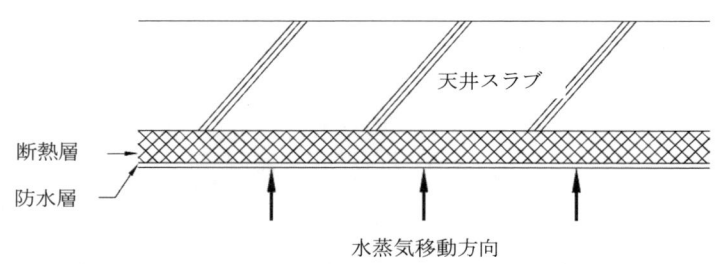

解説図 3.2.5　温水槽・冷温水槽の天井面構成例

b．貫通管および設備配管周りは防水性能を高め，これらの取り合いからの漏水を生じさせないようにする．このためには，各断熱防水工法に固有の納まりを理解し，設計に反映させることが大切である．例としてスリーブ管打込み方式において塩化ビニル管で仕上げた場合の納まりを解説図3.2.6 に示し，実管打込み方式において塩化ビニル管を実管とした場合の納まりを解説図 3.2.7 に示す．

なお，連通管・通水管などの内面側に断熱層・防水層を施工する場合には，その有効径の確認が必要である

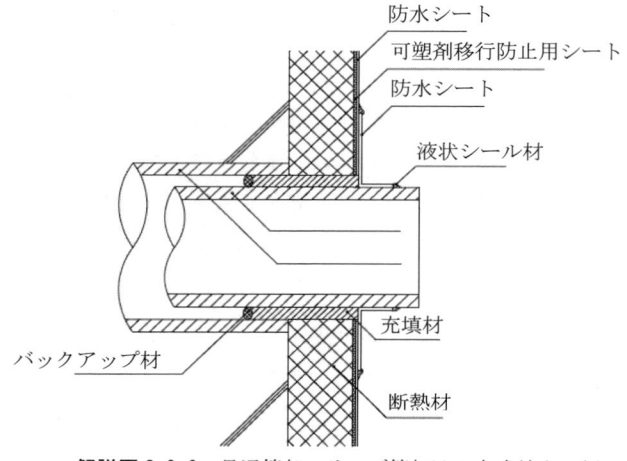

解説図3.2.6　貫通管部スリーブ管打込み方式納まり例

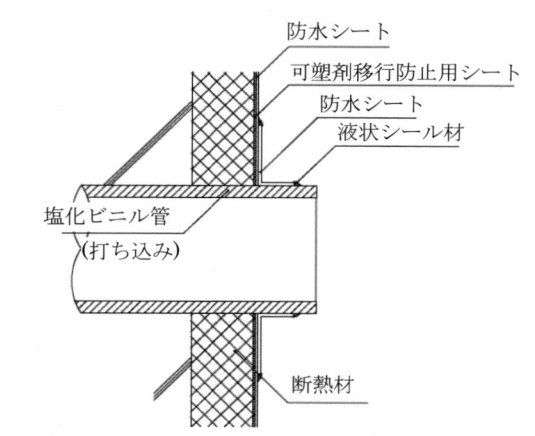

解説図 3.2.7　貫通管部実管打込み方式納まり例

3.2.4 防水保護層

> a．蓄熱槽の運用(運転，保守等)及び槽内への機器設置による断熱防水層の損傷の可能性のある部位には，適切な防水保護層を設ける．
> b．槽内の清掃・点検作業に伴う，人の出入りや落下物の危険が有るマンホール直下や，仮設ポンプの設置予定箇所などの位置には，防水層の損傷防止のために適切な防水保護層を設ける．
> c．槽内の注水高さ，注水圧，吸い込み負圧に伴う防水層の損傷が発生する可能性がある部位には，適切な防水保護層を設ける．
> d．氷蓄熱槽の製氷ユニット等の重量物を蓄熱槽の床面に設置する場合は，適切な保護層を設ける．

　a．防水保護層とは点検作業等や水の注排水における断熱防水層の損傷防止，および恒常的な槽内設備の設置による断熱防水層の損傷防止のために，防水層に設ける保護措置のことである．

　具体的な手法・材料としては，防水材の増塗り・増張り，ゴムマットや樹脂板・鋼板の設置，保護モルタルの敷設等が上げられるが，対処する事象および工法により適切なものを選択する．選択にあたっては，槽内の水に溶出・浮遊・分解等を生じないとともに，断熱防水層および設備機器に悪影響を与えないものを選定しなければならない．

　b．槽内の清掃や点検作業等の人の出入り時に，マンホール下にタラップを据え付けることが多いが，これに対して防水層の保護対策を講じることを原則とする．点検・清掃時の仮設ポンプ等の機器の設置場所には保護モルタルを敷設する方法が一般的である．

　また槽内壁面の清掃や点検時には，洗浄ポンプを用いて水を吹き付けることが多いが，この作業によって防水層を痛めない作業上の配慮も必要である．このためには各断熱防水工法に適した保護方法を理解し，施工や点検保全に反映させることが必要である．

　c．蓄熱槽内への槽内水の注水圧力，または注水高さによって，防水層には大きな水圧がかかることがある．

　設備の面では解説図3.2.8に示すように，還水管は水面下まで立ち下げ壁面からの離隔をとって，エルボ返しによって水平方向にし，上部半割開口管等を取付け流速を下げて，吐き出しによる防水層の損傷を防ぐ必要がある．そのうえでなお且つ防水層の損傷が予想される場合には，適切な防水保護層を設けることが望ましい．

　また，排水時の吸い込みによっても負圧が生じるので，解説図3.2.9に示すように負圧が影響する周辺に保護層を設けることが望ましい．

解説図 3.2.8 還水管設置例

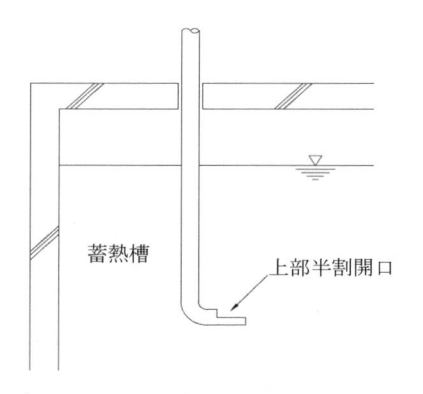

解説写真 3.2.1 還水管設置例

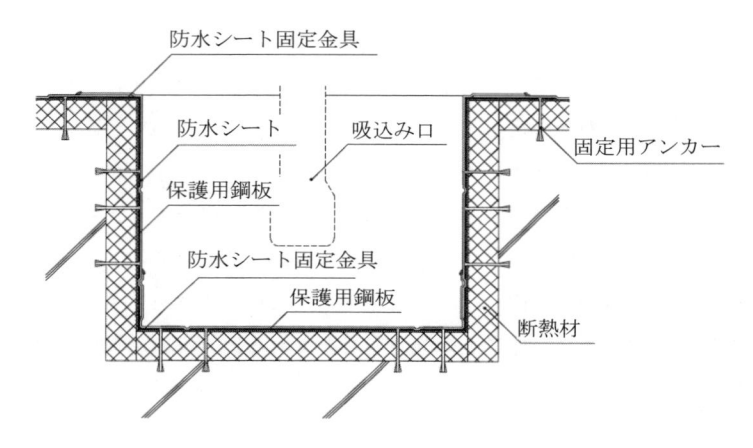

解説図 3.2.9 吸込み口付近保護例

d．蓄熱槽には，槽内設備が設置されることがある．特に氷蓄熱槽では槽内に製氷ユニットを設置することがある．これら機器を設置する面の断熱防水層には，設備機器の重量に耐えられる耐荷重性が必要となる．またこれらの機器によって断熱防水層が損傷することを防止するために，機器の設置方法を検討するとともに適切な保護層を設ける．

3.3 断熱防水工法

3.3.1 断熱防水工法の種類

断熱防水工法は，**表 3.3.1** を標準とする．

表 3.3.1 断熱防水工法

防水材＼断熱材	板状断熱材(B)		吹付け断熱材(S)
	機械固定(M)	接着固定(A)	接着固定(A)
シート(S)	S-BM		
塗膜(L)	L-BM		L-SA
シート＋ポリマーセメントモルタル複合(SP)		SP-BA	

(注)表中の各工法の概要は下記による．

a．S-BM 工法
　　板状断熱材を機械固定後，固定金具に塩化ビニル樹脂系シートを固定する工法．
b．L-BM 工法
　　板状断熱材を機械固定後，ウレタンゴム系(高強度形)塗膜防水材を吹付けまたは塗布する工法．
c．L-SA 工法
　　吹付け断熱材を施工後，ウレタンゴム系(高強度形)塗膜防水材またはエポキシ樹脂系塗膜材を吹付けまたは塗布する工法．
d．SP-BA 工法
　　高密度ポリエチレン＋ポリプロピレン系植毛材複合シートをポリマーセメントモルタルで接着後，板状断熱材をポリマーセメントモルタルで接着固定し，再度，高密度ポリエチレン＋ポリプロピレン系植毛材複合シートおよびポリマーセメントモルタルで防水層を形成する工法．

本技術指針では，シート防水工法が 1 工法，塗膜防水工法が 2 工法，複合防水工法が 1 工法の 4 工法を標準工法とした．

各断熱防水工法には，名称として記号が付けられているが，以下に表記方法を記す．

・最初の文字は防水材の種類を表す．
　　S　：シート防水　　　　　　　　　　　：Sheet
　　L　：塗膜防水　　　　　　　　　　　　：Liquid
　　SP　：シート＋ポリマーセメントモルタル：Sheet ＋ Polymer Cement Mortar
・－の後の文字は断熱材の種類を表す．
　　B　：板状断熱材　　　　　　　　　　　：Board
　　S　：吹付け断熱材　　　　　　　　　　：Splay
・最後の文字は断熱材の取付方法を表す．
　　M　：機械固定　　　　　　　　　　　　：Mechanical
　　A　：接着固定　　　　　　　　　　　　：Adhesion

断熱防水工法によって，壁・床・天井の工法が異なるものや湧水対策をする工法がある．
なお各断熱防水工法の詳細は下記による．

a．S-BM 工法
(1) 工法の特徴

　　S-BM 工法は板状断熱材を躯体に断熱材固定金具を用いて機械固定後，その上に防水シート固定金具を用いて防水材の塩化ビニル樹脂系シートを機械固定する乾式工法である．

　　塩化ビニル樹脂系シート相互および塩化ビニル樹脂系シートと防水シート固定金具との接合は溶剤溶着または熱融着で行う．

　　S-BM 工法は以下の特徴がある．

- 板状断熱材を機械固定するので，湿潤な下地でも施工可能である．
- 断熱層に湧水排水機能が設けられる．
- 断熱材の選択により 10m 以上の水深にも適用可能である．
- 防水材を機械固定する工法なので，躯体挙動の影響をうけにくい．
- 防水層は工場生産品の防水シートを使用するため，厚さと品質が安定している．
- 可塑剤移行防止用シートの表面に導電層のアルミ箔を積層することで探傷検査機能を付与できる．
- 溶剤溶着または熱融着により防水材接合部を一体化するため，長期的に水密性が確保される．
- 塩化ビニル樹脂系シートは配合された可塑剤の移行もしくは揮散によって硬化するため，組み合わせる断熱材や接触する材料・水質などに注意が必要である．

(2) 工法の仕様

(i) 冷水槽仕様

施工部位	壁	床	天井
断熱材	板状断熱材 厚さ　50mm	板状断熱材 厚さ　50mm	板状断熱材(打込み) 厚さ　50mm
防水材	塩化ビニル樹脂系シート 厚さ　1.0mm　　（注）	塩化ビニル樹脂系シート 厚さ　1.5mm	防水不要

　　(注)水深 8m を超え 15m 以下の場合，厚さ 1.5mm を使用する．

(ii) 温水槽・冷温水槽仕様

施工部位	壁	床	天井
断熱材	板状断熱材 厚さ　50mm	板状断熱材 厚さ　50mm	防水材付き板状断熱材 （打込み） 厚さ　51mm
防水材	塩化ビニル樹脂系シート 厚さ　1.0mm　　（注）	塩化ビニル樹脂系シート 厚さ　1.5mm	

　　(注)水深 8m を超え 15m 以下の場合，厚さ 1.5mm を使用する．

(iii) 氷蓄熱槽仕様

施工部位	壁	床	天井
断熱材	板状断熱材 厚さ　50mm	板状断熱材 厚さ　50mm	板状断熱材(打込み) 厚さ　50mm
防水材	塩化ビニル樹脂系シート 厚さ　1.5mm	塩化ビニル樹脂系シート 厚さ　1.5mm	防水不要

(3) 俯瞰図および各部の納まり
　(i) 全体の概略の俯瞰図を解説図 3.3.1 に示す．

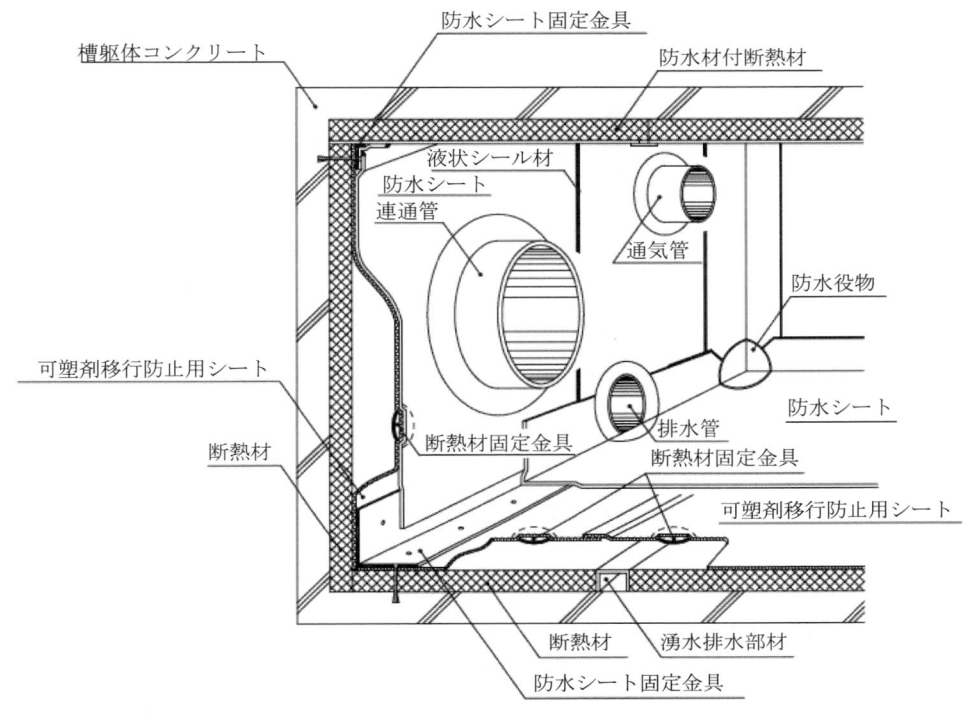

解説図 3.3.1　俯瞰図（温水槽・冷温水槽）

　(ii) 各部位の納まりを解説図 3.3.2～4 に示す．

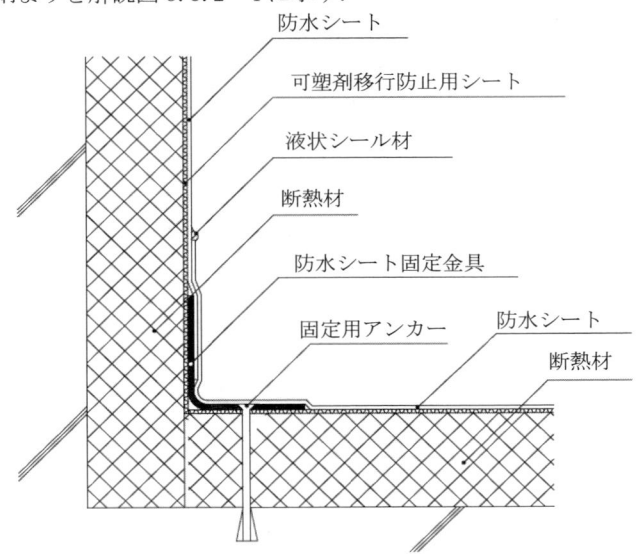

解説図 3.3.2　床－壁入隅部納まり例

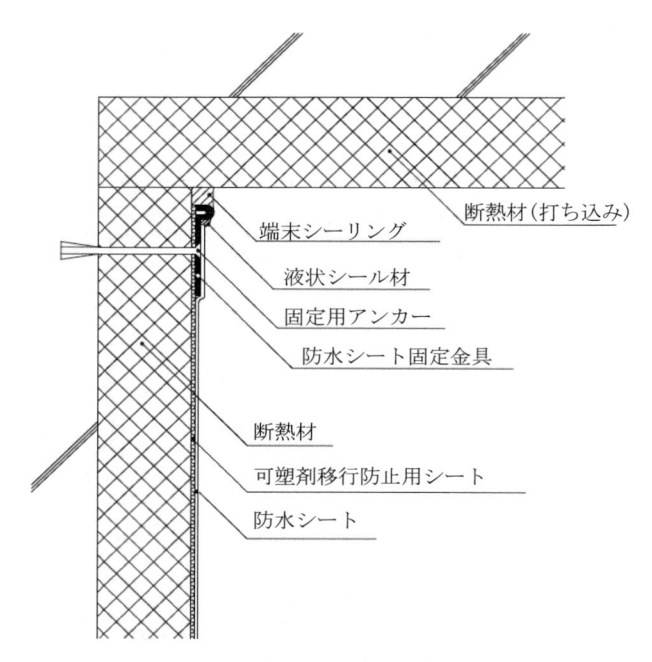

解説図 3.3.3　天井－壁入隅部(冷水槽)納まり例

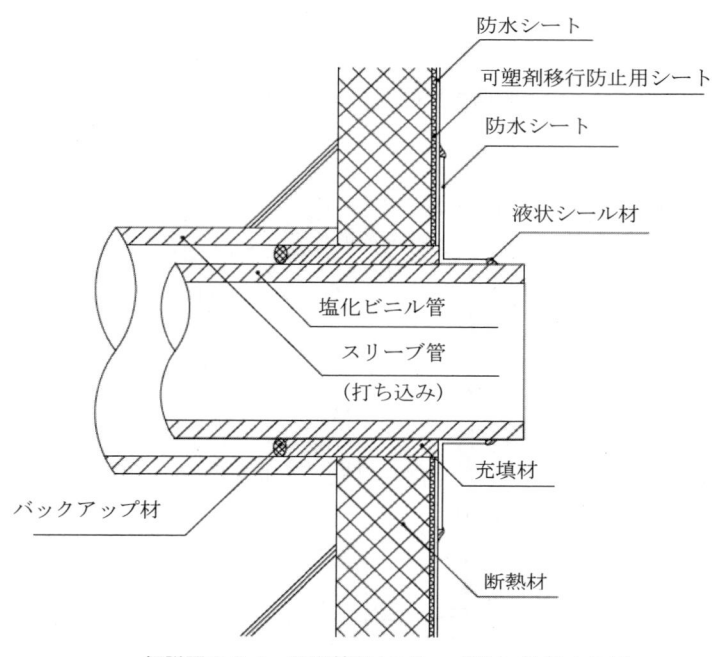

解説図 3.3.4　貫通管部(スリーブ管方式)納まり例

(4) 部材および工法の補足説明
　(i) 固定金具

　　固定金具は円盤状またはプレート状のもので，厚さ 0.4mm 以上の防錆処理した鋼板，ステンレス鋼板，アルミニウム合金板等に塩化ビニル樹脂を積層加工したものを用いる．

解説写真 3.3.1 プレート状固定金具の例 　　　　**解説写真 3.3.2　円盤状固定金具の例**

　(ii) 固定用アンカー

　　固定金具の取り付けに用いる固定用アンカーの主なものはナイロン製のもので，ビスはステレスまたは防錆処理した鋼製のものを用いる．アンカーとビスが一体化した，金属製の開脚アンカーを用いることもある．

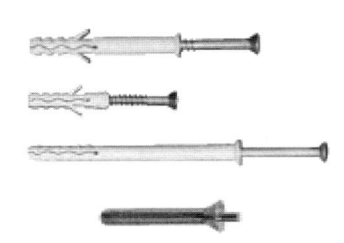

解説写真 3.3.3　ナイロン製アンカーとビス及び金属製開脚アンカーの例

　(iii) 可塑剤移行防止用シート

　　可塑剤移行防止用シートとは，発泡ポリエチレンシート，ポリエステル不織布などで，塩化ビニル樹脂系シートの可塑剤の断熱材への移行防止に用いる．

　　表面に導電層のアルミ箔を積層することで，探傷検査を行うことができる．

(ⅳ) 防水役物

防水役物とはシートと同質の材料を出入隅角の形状に合うように成形加工したものである．

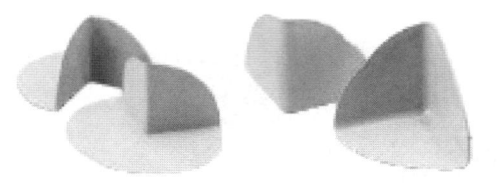

解説写真 3.3.4　防水役物の例

(ⅴ) 液状シール材

液状シール材とは塩化ビニル樹脂系シートと同質の材料を溶剤に溶解させたもので，溶剤の揮発により塩化ビニル樹脂系シートと一体化する．シート接合部端部の仕上げに用いる．

(ⅵ) 設備取付用アンカー

ステンレス製アンカーボルトで，タラップの脚を固定する場合や設備配管をサポートする場合に使用する．

防水層を貫通して取り付けられるが，フランジと座金の間に挟み込んだラップ用シートとパッキン用シートを締め付け用ナットで座金上から締付け，フランジ外周に突出したラップ用シートを防水シートに溶着する事により水密性を発揮する．

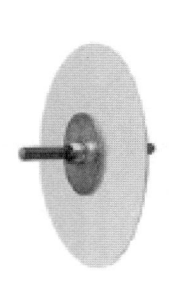

解説写真 3.3.5　設備取付用アンカーの例 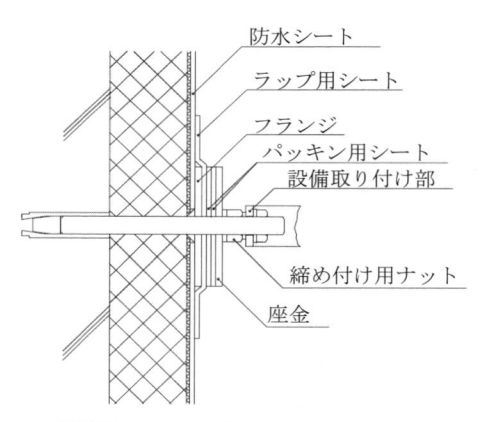　　**解説図 3.3.5　設備取付用アンカー納まり例**

(ⅶ) 溶着

溶着は主として平面部に行う溶剤溶着と，接合部端部の補修および材料同士が密着しづらい複雑な部位に行う熱融着がある．

溶剤溶着は，テトラヒドロフランを主成分とする有機溶剤で塩化ビニル樹脂系シート同士もしくは塩化ビニル樹脂系シートと固定金具に積層された塩化ビニル樹脂を溶解させ，溶剤が揮発することで材料が一体化するものである．

熱融着は温度 400〜500℃程度の熱風で，材料を溶融させ一体化するものである．

(viii) 湧水排水工法

　湧水排水工法としては，解説図3.1.4に示す断熱材に湧水排水溝を設けた方法の他に下記の方法がある．

　解説図3.3.6は断熱材の目地に溝型の湧水排水部材を配置し，そこに湧水を集めて排水する方法である．解説図3.3.7は断熱材の下に凹凸を有する湧水排水パネルを設置し，凹凸の隙間から湧水を排水する方法である．

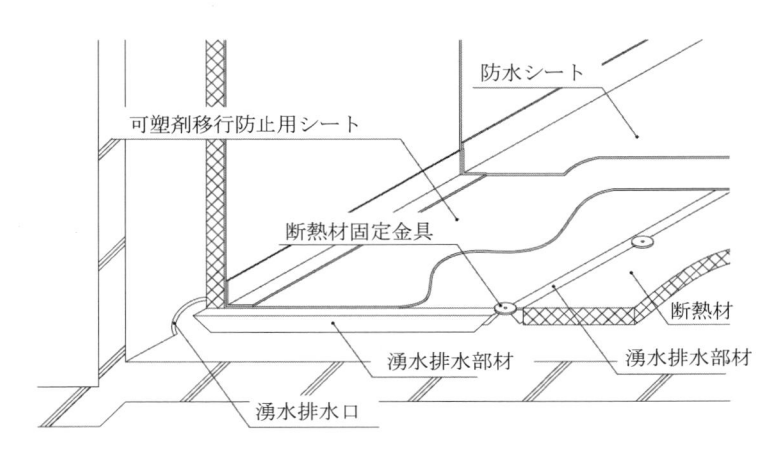

解説図 3.3.6　板状断熱材の目地に溝型の湧水排水部材を設置した例

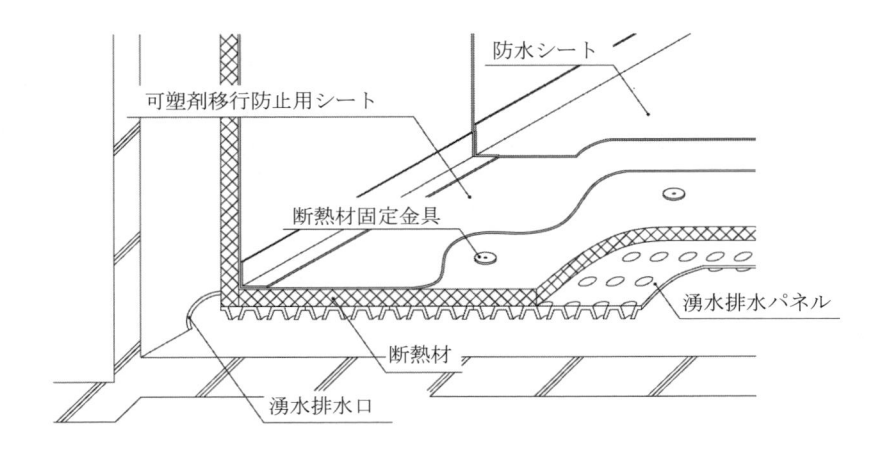

解説図 3.3.7　板状断熱材の下に湧水排出パネルを設置した例

(5) 自主検査方法
 (i) 探傷検査器による検査
　　検査する部分の防水層上にブラシをすべらせ，断熱層と防水層の間にある，導電層のアルミ箔が積層された可塑剤移行防止用シートとブラシの間に高圧電位差をかける．
　　防水層に穴がある場合は放電を機械が感知することによって発見できる．

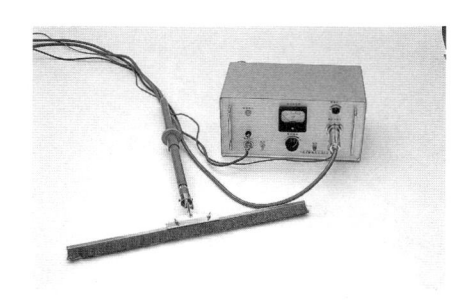

解説写真 3.3.6　探傷検査器の例 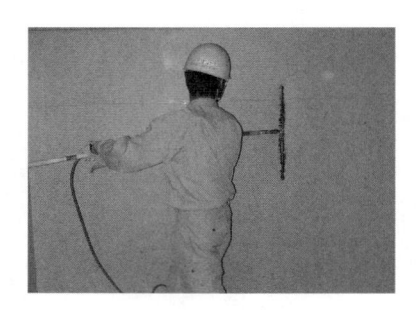　　　　解説写真 3.3.7　探傷検査

 (ii) 減圧継目検査器による検査
　　検査する部分の防水層に石鹸水を塗布し，検査器の中を減圧させる．
　　防水層に穴のある場合は気泡が発生し発見できる．
　　主として平面部以外のコーナー部，梯子取付用アンカー部等の部位に用いられる．

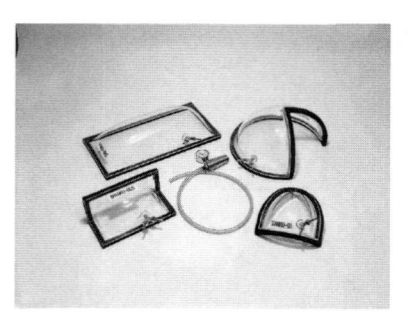

解説写真 3.3.8　減圧継目検査器の例 　　　　解説写真 3.3.9　減圧継目検査

(6) 設計上の注意点
 (i) 湧水排水機能の設置について
　　断熱防水層裏面に浸入する湧水の排水ルートを必ず全ての槽の壁面まで確保する．排水ルートは析出物により閉塞することがあるので，複数設ける．
 (ii) 浸水する天井梁の通気管の設置
　　水槽内天井梁が水につかる場合は，必ず通気管を設置する．

(iii) 連通管等の連結の禁止

連通管等の水位以下にある貫通管として塩化ビニル管を用いる場合は，連結を行わずに，一本物を用いる．（浸水しない通気管は連結可．）

(iv) 貫通管等の設置位置

貫通管等の設置位置は断熱防水仕上面より下記に示す寸法を確保する．

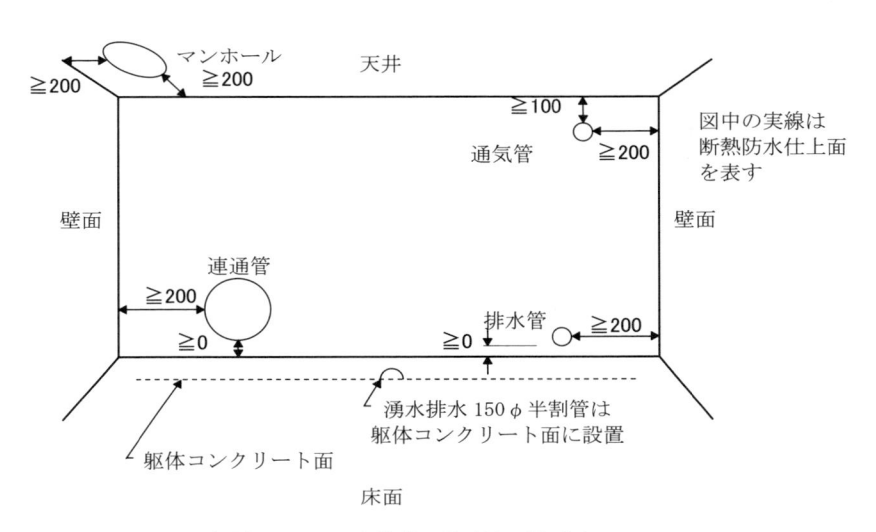

解説図 3.3.8 配管等設置寸法の概要図

(v) スリーブ管寸法と仕上げ塩化ビニル管寸法

スリーブ管打込み方式の場合，S-BM工法では槽－槽間の連結を打込みスリーブ管より一回り小さいサイズの塩化ビニル管で仕上げるため，設計段階で管径に注意する．

(vi) 梯子，設備配管等への設備取付アンカーの設置位置

設備取付用アンカーはそれぞれの間隔を防水施工に支障のない距離を取る．

解説写真 3.3.10 槽内の梯子

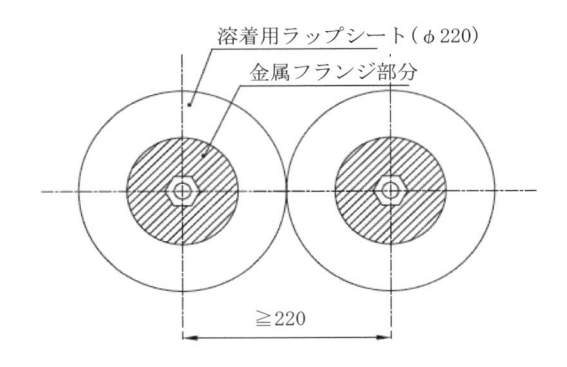

解説図 3.3.9 設備取付アンカーの設置間隔例

(vii) 設備配管の設置位置

作業スペース確保のため，設備配管は躯体より下記に示す寸法を確保して設置する．

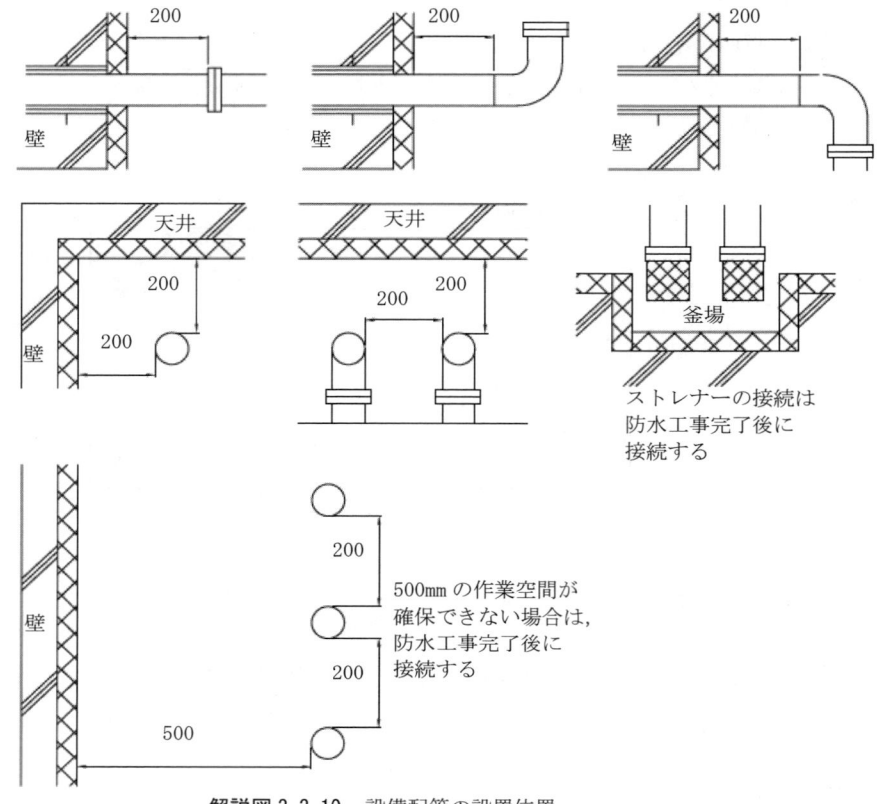

解説図 3.3.10　設備配管の設置位置

(viii) 釜場の最小寸法

断熱材等の取り付けのため，釜場の寸法を 400mm×400mm 以上とする．

(ix) 躯体打込み管の制限

スパイラル管は躯体打込み管として使用しない．

スパイラル管は躯体打込み時に変形しやすく，また内面の凹凸のため防水層とスパイラル管の間に空隙が出来，水圧によって防水層の破断の恐れがある．

b．L-BM 工法
(1) 工法の特徴

L-BM 工法は板状断熱材を躯体に固定金具と接着剤を用いて固定後，耐水・耐薬性能に優れたウレタンゴム系（高強度形）塗膜防水材を吹付けまたは塗布する工法である．

L-BM 工法は以下の特徴がある．

- 断熱材を機械固定する工法なので，躯体挙動の影響をうけにくい．
- 板状断熱材を機械固定するので，湿潤な下地でも施工可能である．
- 防水材を吹付けまたは塗布するため，連続した防水層を形成できる．
- 断熱層に湧水排水機能が設けられる．
- 防水材を吹付けまたは塗布するため複雑な下地にも適用可能である．
- 断熱材表面に導電フィルムを付加することで，非破壊による探傷検査および膜厚検査が可能である．

(2) 工法の仕様

(i) 冷水槽仕様

施工部位	壁	床	天井
断熱材	板状断熱材 厚さ 50mm	湧水排水溝付き板状断熱材 厚さ 50mm	板状断熱材（打込み） 厚さ 50mm
防水材	ウレタンゴム系（高強度形）塗膜防水材 厚さ 2.2mm	ウレタンゴム系（高強度形）塗膜防水材 厚さ 2.2mm	防水不要

(ii) 温水・冷温水槽仕様

施工部位	壁	床	天井
断熱材	板状断熱材 厚さ 50mm	湧水排水溝付き板状断熱材 厚さ 50mm	板状断熱材 厚さ 50mm
防水材	ウレタンゴム系（高強度形）塗膜防水材 厚さ 2.2mm	ウレタンゴム系（高強度形）塗膜防水材 厚さ 2.2mm	ウレタンゴム系（高強度形）塗膜防水材 厚さ 1.5mm

(3) 俯瞰図および各部の納まり
(i) 全体の概略の俯瞰図を解説図 3.3.11 に示す.

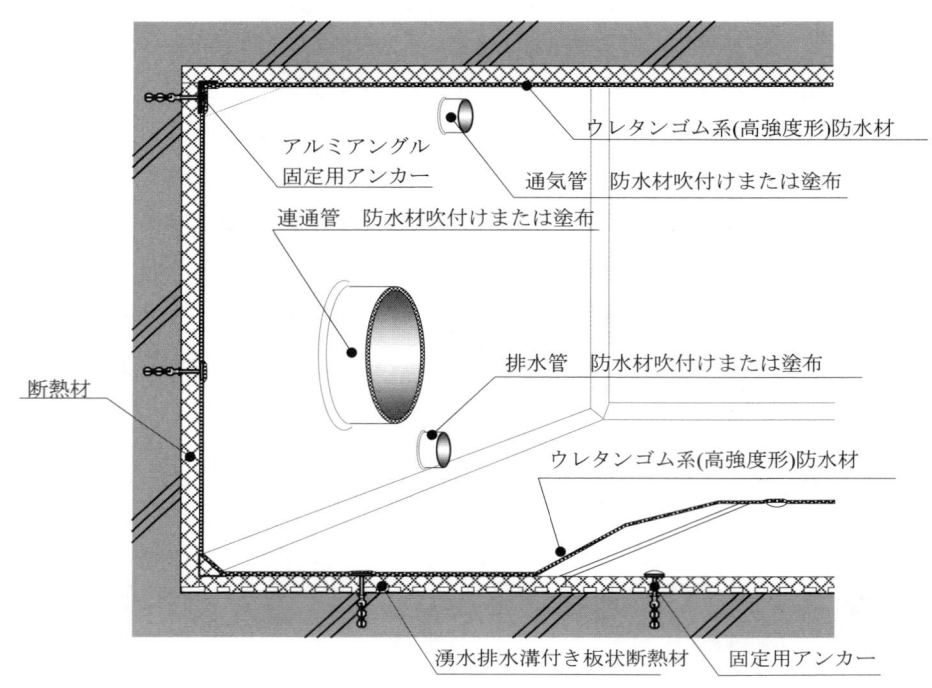

解説図 3.3.11　俯瞰図(温水槽・冷温水槽)

(ii) 各部位の納まりを解説図 3.3.12～14 に示す.

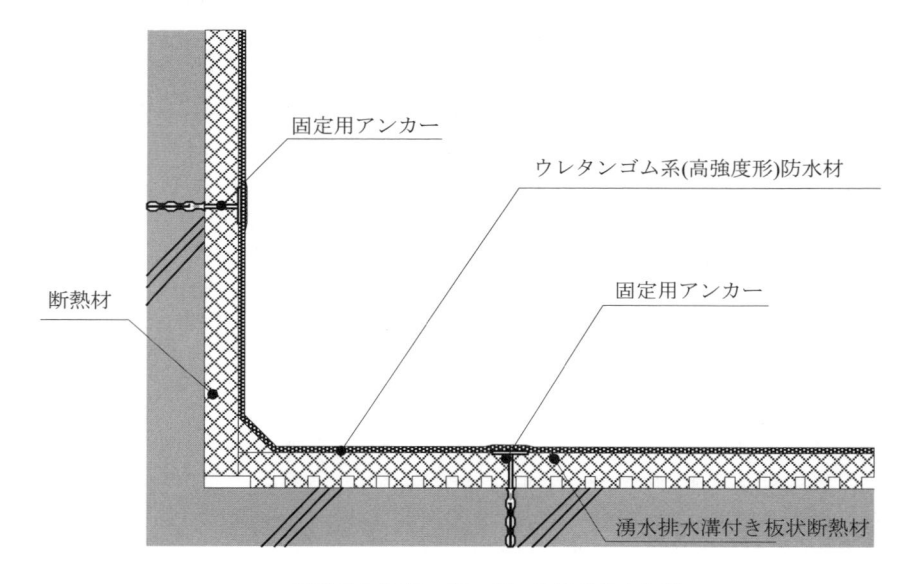

解説図 3.3.12　壁―床　入隅部納まり例

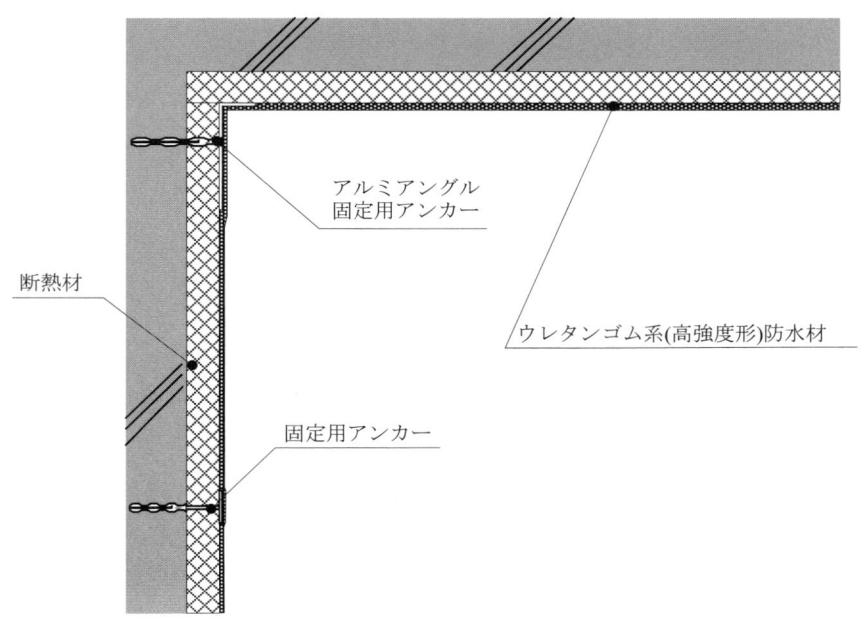

解説図 3.3.13 天井－壁入隅部(温水槽・冷温水槽)納まり例

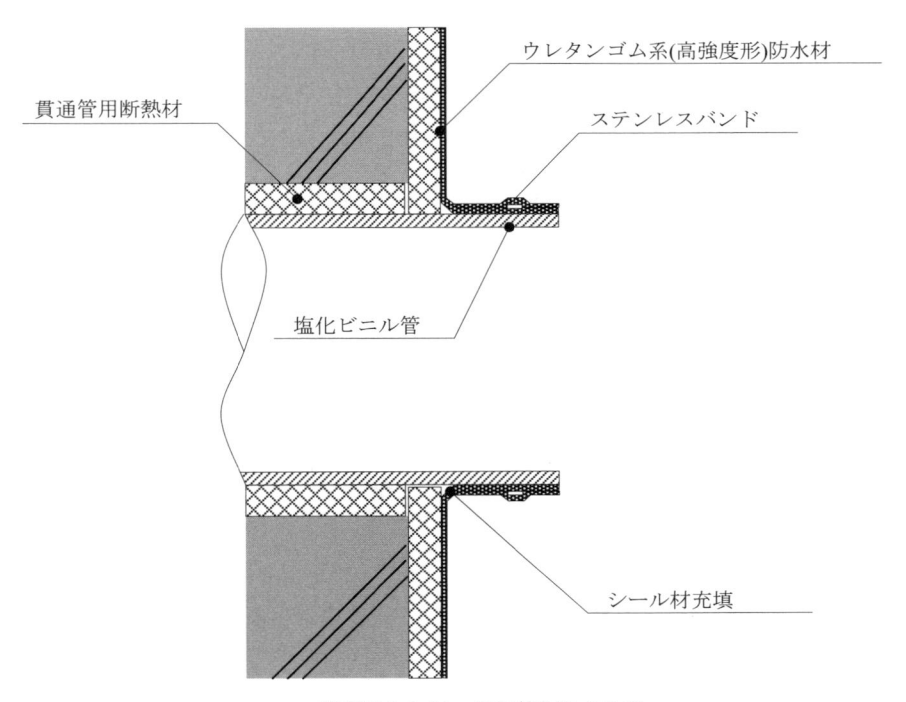

解説図 3.3.14 貫通管部納まり例

(4) 部材および工法の補足説明
  (i) 固定金具
    断熱板の固定には円盤状ステンレス板とプラスチックアンカー，ステンレス製ビス等を使用する．

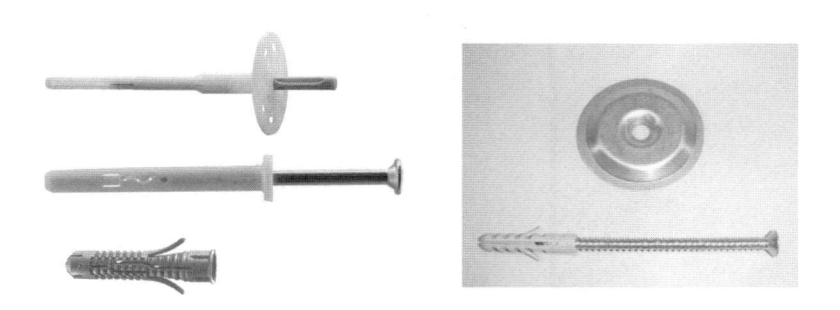

解説写真 3.3.11 固定用アンカーおよびビスの例

  (ii) 壁・床用断熱材
    断熱材は防水施工面に導電フィルムが一体加工されているA種押出法ポリスチレンフォーム保温板(標準厚さ50mm)を用いる．導電フィルムにより，防水材を吹付けまたは塗布後，非破壊の「膜厚検査」「探傷検査」が可能となる．
    さらに，床用断熱材は湧水排水用の溝加工がされているものを用いる．

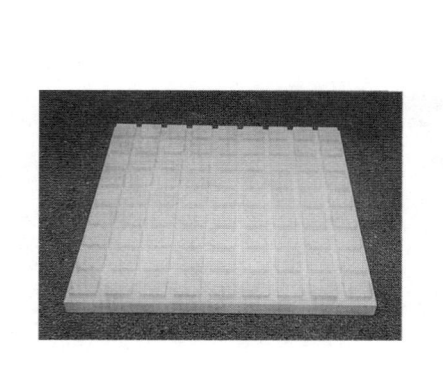

解説写真 3.3.12 床用断熱材(裏面) 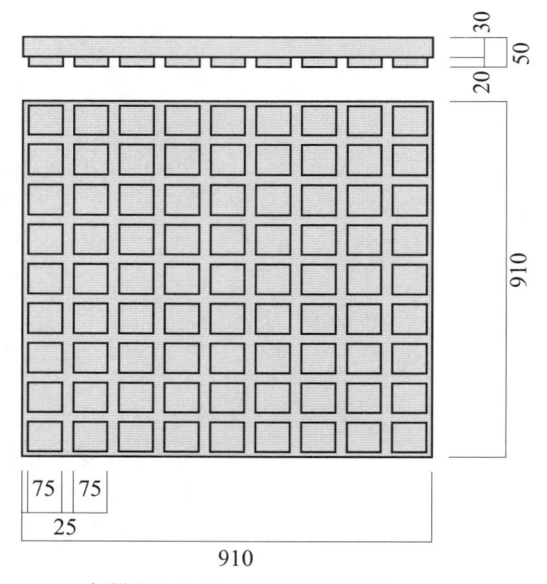   **解説図 3.3.15 床用断熱材の例**

(iii) 通気管・貫通管用断熱材

蓄熱槽上階の結露防止策として必要に応じて，通気管および連通管用断熱を使用する．

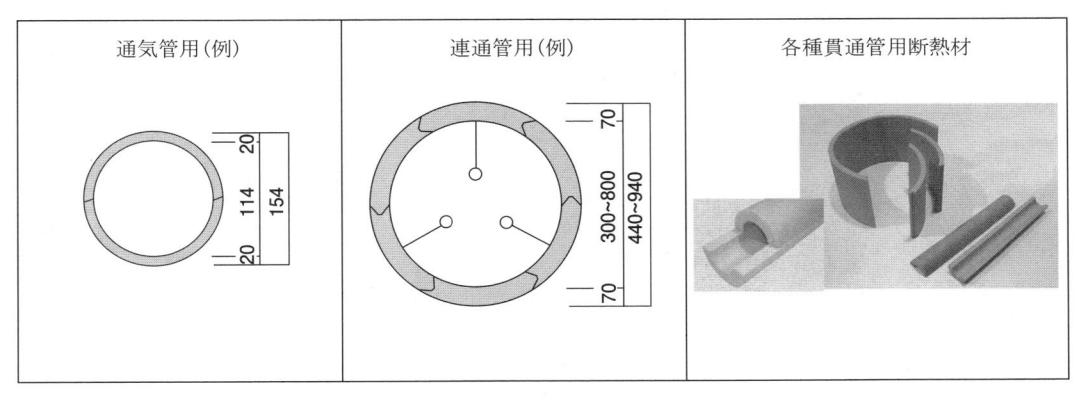

解説図 3.3.16　各種貫通管用断熱材の例

(iv) 防水材

防水材はウレタンゴム系(高強度形)塗膜防水材を用いる．専用の吹付け機械(解説図 3.3.17 および解説写真 3.3.13)で吹付けるタイプと，ローラー・ハケ等で塗布するタイプがある．ウレタンゴム系(高強度形)塗膜防水材は JIS A 6021-2011 建築用塗膜防水材の中でも，特に耐水性と強度に優れている．

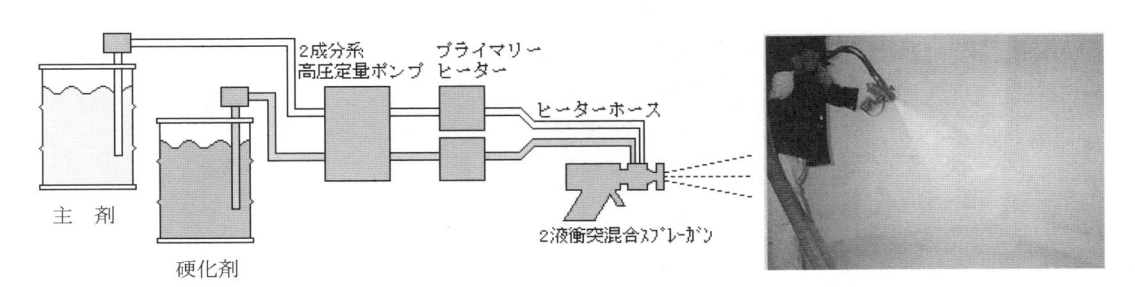

解説図 3.3.17　吹付けシステム　　　　　**解説写真 3.3.13　吹付け作業**

(5) 自主検査方法
(i) 探傷検査器による検査

検査する部分の防水層上にブラシをすべらせ，断熱材表面の導電フィルムとブラシの間に高電位差をかける．防水層に穴がある場合は放電を機械が感知することによって発見できる．

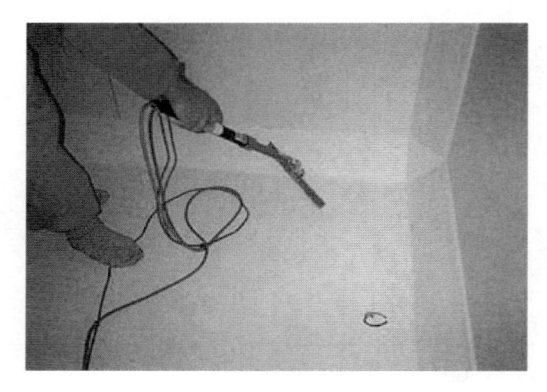

解説写真 3.3.14　探傷検査・探傷検査機

(ii) 膜厚検査

電磁式膜厚計のプローブを検査する部分の防水層上あて，断熱材表面の導電フィルムとプローブ間の距離(膜厚)を測定する．

解説写真 3.3.15　膜厚検査・膜厚検査器

(6) 設計上の注意点

L-BM 工法の設計上の注意点は S-BM 工法の(i)〜(iii)および(vii)〜(ix)に準ずる．

c．L-SA 工法
(1) 工法の特徴

　　L-SA 工法は吹付け断熱材を，その自己接着性を用いて躯体に直接吹付け施工した後，その上に耐水性・耐薬品性能に優れたウレタンゴム系(高強度形)塗膜防水材を吹付けまたは塗布するか，エポキシ樹脂系塗膜材をこて塗り施工する湿式工法である．

　　ウレタンゴム系(高強度形)塗膜防水材と吹付け断熱材，若しくは，エポキシ樹脂系塗膜材と吹付け断熱材相互の接着は，その自己接着性を用いる．

　　L-SA 工法には以下の特徴がある．

- 吹付け断熱材は吹付け施工，ウレタンゴム系(高強度形)塗膜防水材／エポキシ樹脂系塗膜材は，吹付け施工若しくはこて塗り施工する工法なので，複雑な形状の蓄熱槽も容易に施工できる．
- 吹付け断熱材を用いる為，断熱材の厚みを任意に調整する事ができる．
- 断熱層・防水層ともに一体施工できる為，シームレスな断熱防水層を提供できる．
- 吹付け断熱材，ウレタンゴム系(高強度形)塗膜防水材／エポキシ樹脂系塗膜材ともに硬化時間が短い為，短工期で施工が可能である．
- 液状原料を発泡施工させる為，搬入資材置き場が狭小ですむ．
- 湧水排水溝付き板状断熱材と組み合わせることにより，断熱層に湧水排水機能が設けられる．
- 防水層にピンホール等が生じないよう，ウレタンゴム系(高強度形)塗膜防水材又はエポキシ樹脂系塗膜材を積層して施工する．
- 断熱材の選択により 10m 以上の水深にも適用が可能である．

(2) 工法の仕様
　(i) ウレタンゴム系(高強度形)塗膜防水材の場合
　(イ) 冷水槽仕様

施工部位	壁	床	天井
断熱材	吹付け断熱材 厚さ 50mm	湧水排水溝付き板状断熱材＋吹付け断熱材 厚さ 85mm＋15mm	板状断熱材 厚さ 50mm
防水材	ウレタンゴム系(高強度形)塗膜防水層　厚さ 3.0mm＋ウレタンゴム系(高強度形)保護層　厚さ 1.0mm	ウレタンゴム系(高強度形)塗膜防水層　厚さ 3.0mm＋ウレタンゴム系(高強度形)保護層　厚さ 1.0mm	防水不要

(ロ) 温水・冷温水槽仕様

施工部位	壁	床	天井
断熱材	吹付け断熱材 厚さ　50mm	湧水排水溝付き板状断熱材 ＋吹付け断熱材 厚さ　85mm＋15mm	吹付け断熱材 厚さ　50mm
防水材	ウレタンゴム系(高強度形)塗膜防水層　厚さ 3.0mm＋ウレタンゴム系(高強度形)保護層　厚さ　1.0mm	ウレタンゴム系(高強度形)塗膜防水層　厚さ 3.0mm＋ウレタンゴム系(高強度形)保護層　厚さ　1.0mm	ウレタンゴム系(高強度形)塗膜防水層　厚さ 3.0mm＋ウレタンゴム系(高強度形)保護層　厚さ　1.0mm

(ii) エポキシ樹脂系塗膜材の場合

(イ) 冷水槽仕様

施工部位	壁	床	天井
断熱材	吹付け断熱材 厚さ　50mm	湧水排水溝付き板状断熱材 ＋吹付け断熱材 厚さ　85mm＋15mm	吹付け断熱材 厚さ　50mm
防水材	エポキシ樹脂系塗膜材 3層構造 厚さ　2.2mm	エポキシ樹脂系塗膜材 3層構造 厚さ　2.2mm	防水不要

(ロ) 温水・冷温水槽仕様

施工部位	壁	床	天井
断熱材	吹付け断熱材 厚さ　50mm	湧水排水溝付き板状断熱材 ＋吹付け断熱材 厚さ　85mm＋15mm	吹付け断熱材 厚さ　50mm
防水材	エポキシ樹脂系塗膜材 3層構造 厚さ　2.2mm	エポキシ樹脂系塗膜材 3層構造 厚さ　2.2mm	エポキシ樹脂系塗膜材 3層構造 厚さ　2.2mm

(3) 俯瞰図および各部の納まり
　(i) 全体の概略の俯瞰図を解説図 3.3.18 に示す．

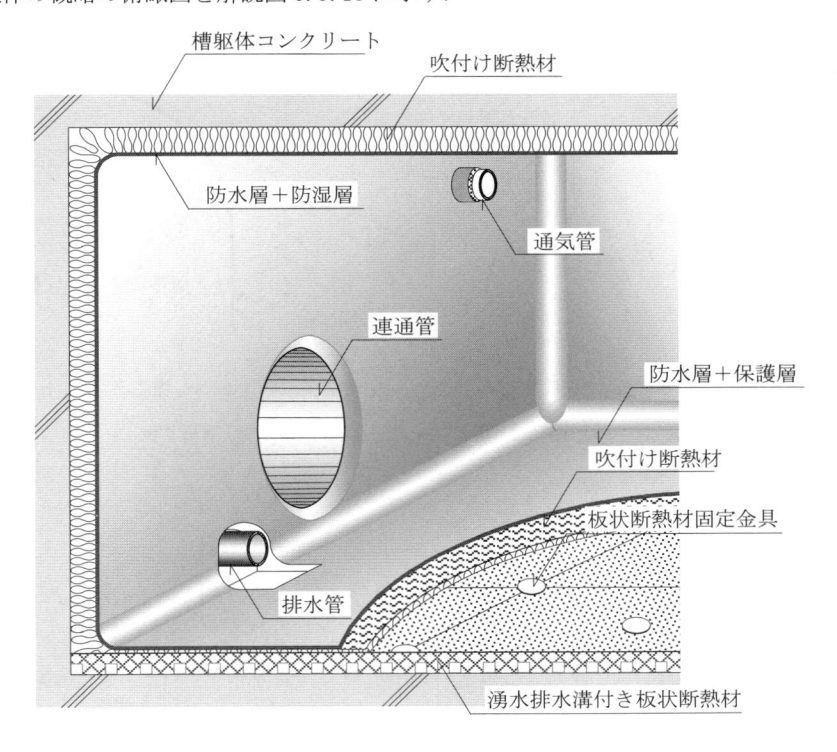

解説図 3.3.18 俯瞰図（温水槽・冷温水槽）

　(ii) 各部位の納まりを解説図 3.3.19 に示す．

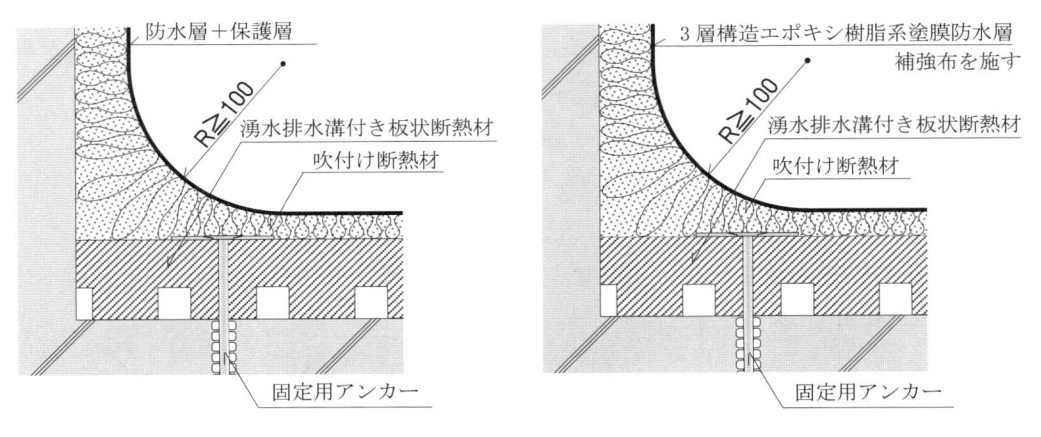

ウレタンゴム系(高強度形)塗膜防水材の場合　　　　エポキシ樹脂系塗膜材の場合

解説図 3.3.19 壁‐床 入隅部納まり例

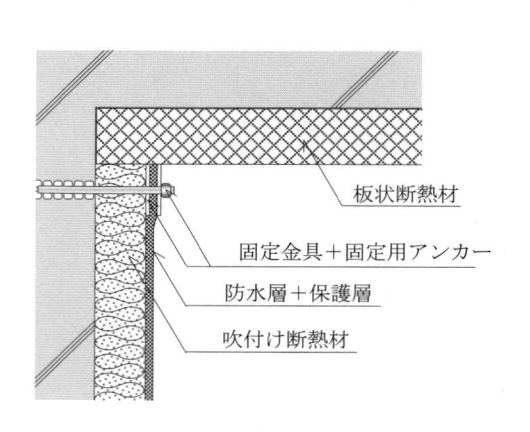

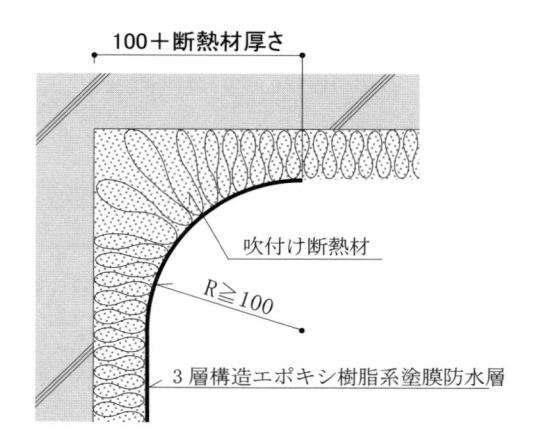

ウレタンゴム系(高強度形)塗膜防水材の場合　　　　エポキシ樹脂系塗膜材の場合

解説図 3.3.20 天井‐壁 入隅部(冷水槽)納まり例

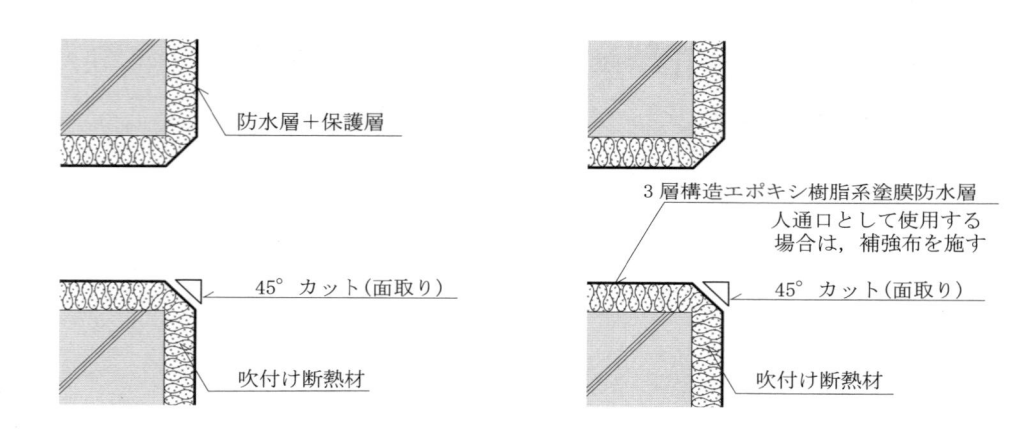

ウレタンゴム系(高強度形)塗膜防水材の場合　　　　エポキシ樹脂系塗膜材の場合

解説図 3.3.21 連通管部納まり例

(4) 部材および工法の補足説明

(i) 板状断熱材固定金具

板状断熱材の固定金具は，円盤状ステンレス板とプラスチックアンカー，ステンレス製ビス等を使用する．

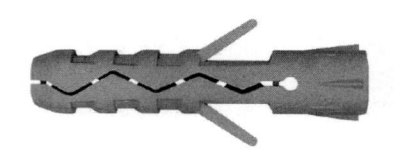

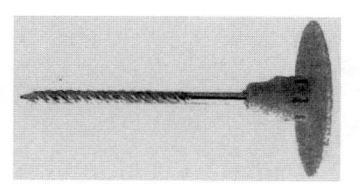

解説写真 3.3.16 固定用アンカーおよびビスの例

(ii) 湧水排水溝付き板状断熱材

湧水排水溝付き板状断熱材には，ビーズ法ポリスチレンフォーム等を使用する．

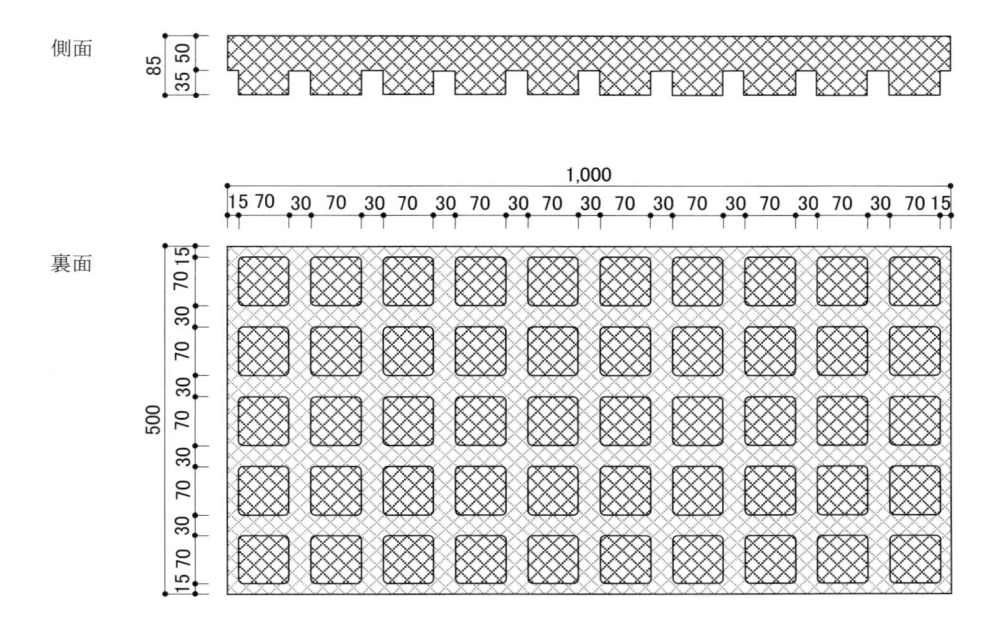

解説図 3.3.22　湧水排水溝付き板状断熱材の例

(iii) 防水材

ウレタンゴム系（高強度形）塗膜防水材は専用の吹付け機械（解説図 3.3.23 および解説写真 3.3.17）で吹付ける．あるいはローラーで塗布することもできる．ウレタンゴム系（高強度形）塗膜防水材は JIS A 6021:2011 建築用塗膜防水材の中でも，特に耐水性と強度に優れている．

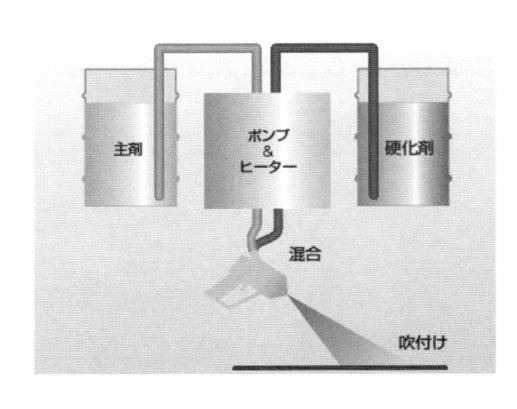

解説図 3.3.23　吹付けシステム 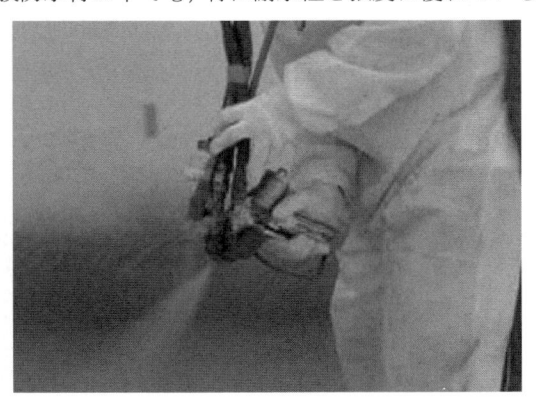　　　　　　　**解説写真 3.3.17　吹付け作業**

(iv) 断熱材吹付け施工前の確認

コンクリート躯体が十分に乾燥していることを確認する．

躯体が湿潤な状態で吹付け施工すると，断熱材の躯体からの剥離や二次発泡が発生する恐れが有る．

(5) 自主検査方法

(i) 吹付け断熱材厚さ検査

吹付け断熱材は現場施工するため，任意の断熱材厚さに施工が可能である．施工中，適宜専用の治具を用いて，その厚さを確認する．

解説図 3.3.24 断熱材厚さ計測用スケール　　　解説図 3.3.25 断熱材厚さ確認用治具

(ii) 防水層ピンホール等目視検査

ピンホール等の有無を目視で確認する．

(6) 設計上の注意点

(i) 湧水排水機能の設置について

板状断熱材を用いて湧水排水機能を付加する場合は，断熱防水層裏面に浸入する湧水の排出ルートを必ず全ての槽の壁面まで確保すること．排水ルートは析出物により閉塞することがあるので，複数設ける．

(ii) 浸水する天井梁の通気管の設置

水槽内天井梁が水につかる場合は，必ず通気管を設置する．

(iii) 連通管等の連結の禁止

水中使用時の打ち込み配管部は連結しない．（通気管は連結可．）

やむを得ず配管を接続して使用する場合は,耐腐食性のある金属管(例 ステンレス管)を使用する事．

(iv) 貫通管等の設置位置

貫通管等の設置位置は躯体より下記に示す寸法を確保する．

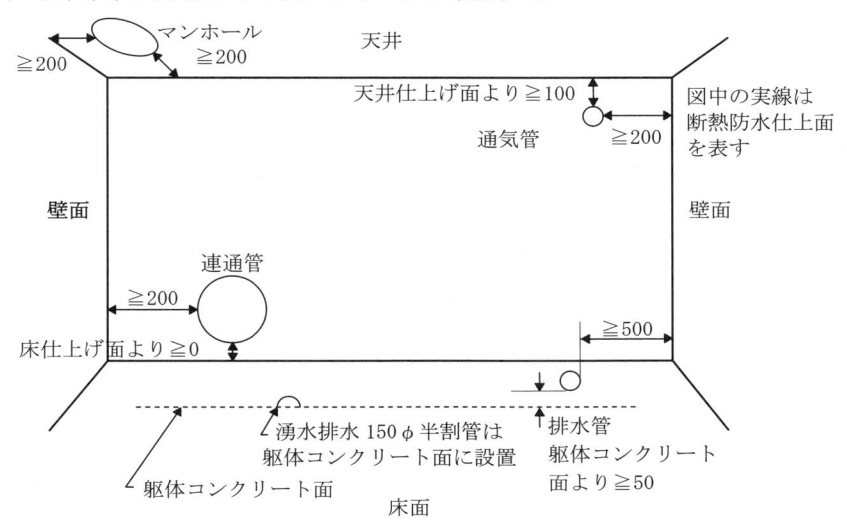

解説図 3.3.26　配管等設置寸法の概要

(v) スリーブ管寸法と仕上げ塩化ビニル管寸法

L-SA工法では，通気管・排水管部を打ち込みスリーブ管より一回り小さいサイズの塩化ビニル管で仕上げるため，設計段階で管径に注意する．

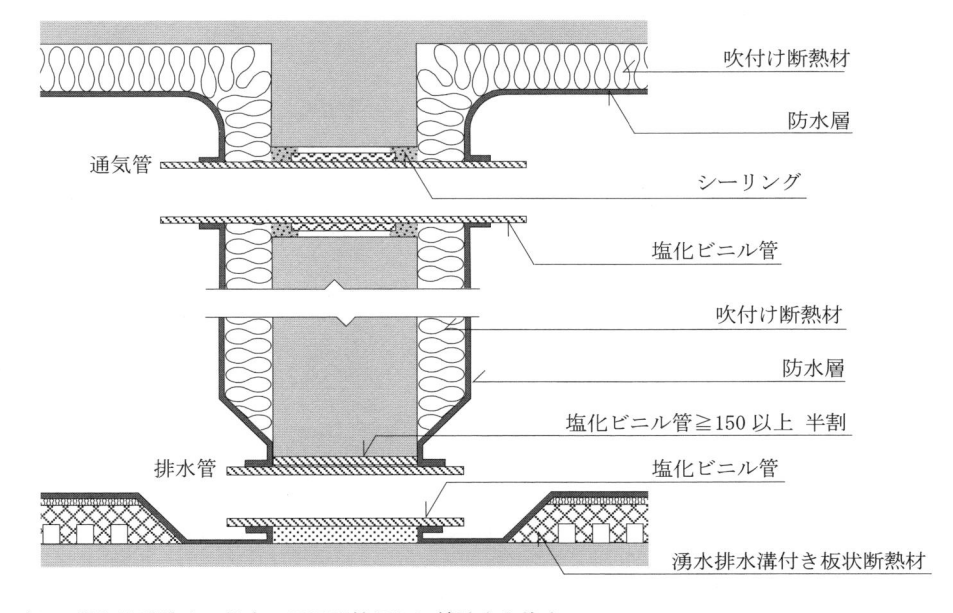

エポキシ樹脂塗膜防水の場合、貫通配管周りに補強布を施す．

解説図 3.3.27　通気管／排水管部納まり例（ウレタンゴム（高強度形），エポキシ樹脂系共通）

(vi) 設備配管の設置位置

設備配管貫通箇所は予めスリーブ管を入れ，断熱防水工事完了後に配管施工する事を原則とする．

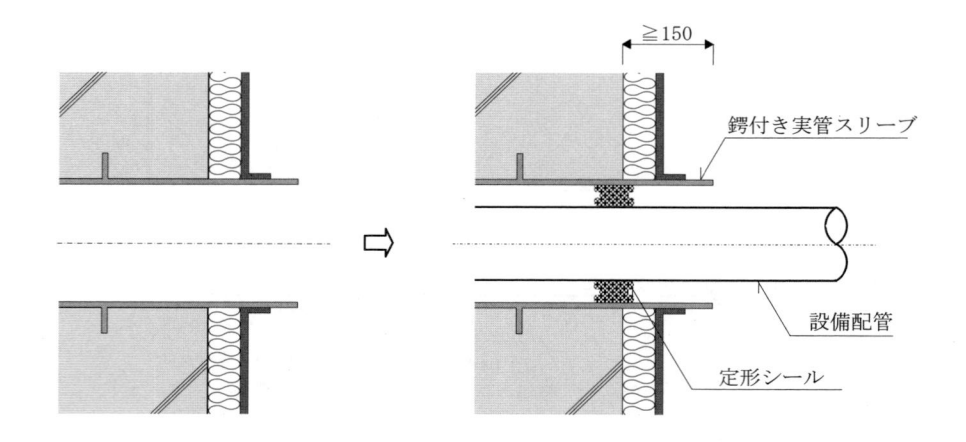

解説図 3.3.28 配管貫通箇所の原則的な納まり例

やむを得ず設備配管施工を先行する場合には，作業スペース確保のため，躯体より以下の寸法を確保して設備配管を設置する．

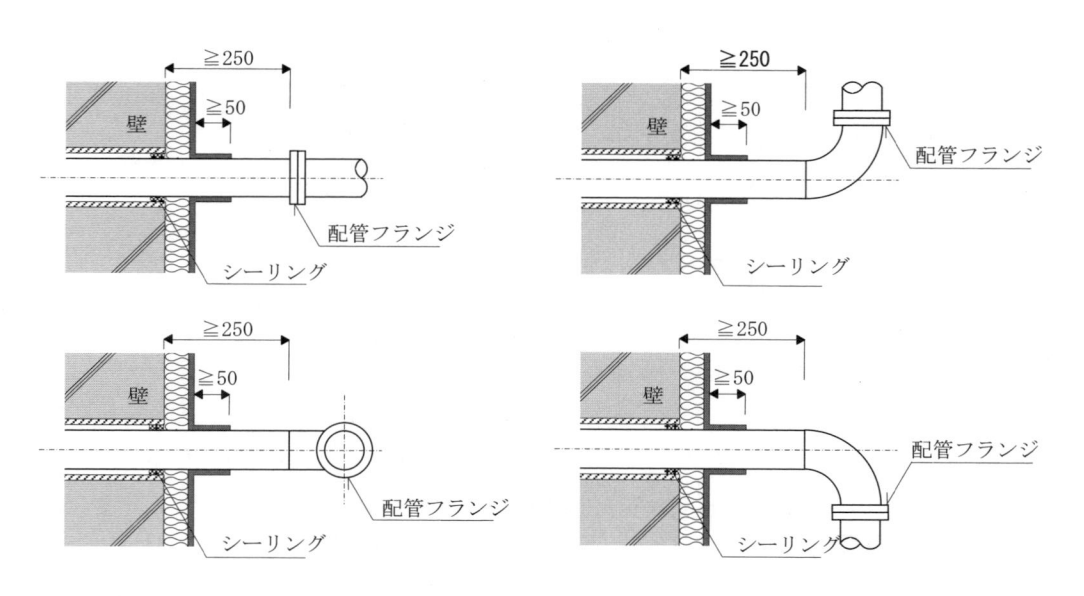

解説図 3.3.29 設備配管の設置位置

d．SP-BA 工法
(1) 工法の特徴

　　SP-BA 工法は高密度ポリエチレン＋ポリプロピレン系植毛材複合シートとポリマーセメントモルタルを用いて躯体防水層を施工後，ポリマーセメントモルタルで板状断熱材を接着固定し，再度，高密度ポリエチレン＋ポリプロピレン系植毛材複合シートおよびポリマーセメントモルタルで槽内防水層を施工する工法である．

　　SP-BA 工法は以下の特徴がある．
　　・躯体面の防水を行うため躯体止水効果が得られる．
　　・溶剤等を使用しないため，作業の安全性が高い．
　　・高密度ポリエチレン＋ポリプロピレン系植毛材複合シートは工場生産品のため品質が安定している．

(2) 工法の仕様
　(i) 冷水槽仕様

施工部位	壁	床	天井
防水材 (躯体面)	ポリマーセメントモルタル 3.0〜4.0kg/m² 高密度ポリエチレン＋ポリプロピレン系植毛材複合シート ポリマーセメントモルタル 5.0〜7.0kg/m² 　　厚さ　5.0mm	ポリマーセメントモルタル 3.0〜4.0kg/m² 高密度ポリエチレン＋ポリプロピレン系植毛材複合シート ポリマーセメントモルタル 5.0〜7.0kg/m² 　　厚さ　5.0mm	／
断熱材	板状断熱材 厚さ　50mm	板状断熱材 厚さ　50mm	板状断熱材(打込み) 厚さ　50mm
防水材 (槽内面)	ポリマーセメントモルタル 3.0〜4.0kg/m² 高密度ポリエチレン＋ポリプロピレン系植毛材複合シート ポリマーセメントモルタル 3.0〜4.0kg/m² 　　厚さ　3.0mm	ポリマーセメントモルタル 3.0〜4.0kg/m² 高密度ポリエチレン＋ポリプロピレン系植毛材複合シート ポリマーセメントモルタル 3.0〜4.0kg/m² 　　厚さ　3.0mm 押えコンクリート　　70mm	ポリマーセメントモルタル 3.0〜4.0kg/m² 高密度ポリエチレン＋ポリプロピレン系植毛材複合シート ポリマーセメントモルタル 3.0〜4.0kg/m² 　　厚さ　3.0mm

(3) 俯瞰図および各部の納まり

(i) 全体の概略の俯瞰図を解説図 3.3.30 に示す．

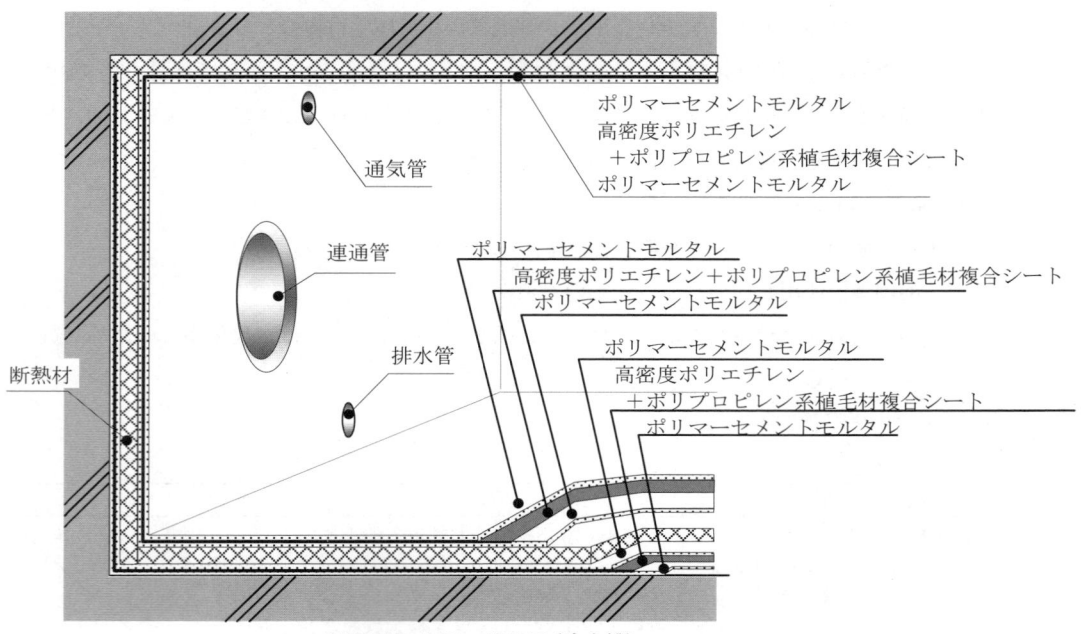

解説図 3.3.30　俯瞰図（冷水槽）

(ii) 各部位の納まりを解説図 3.3.31〜33 に示す．

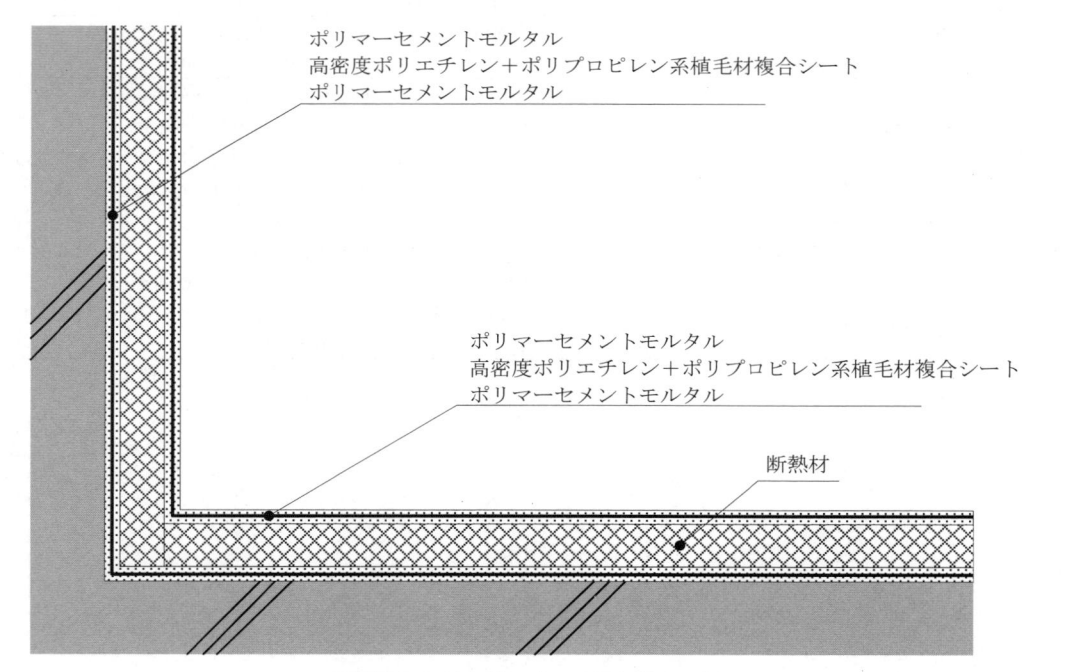

解説図 3.3.31　壁―床　入隅部納まり例

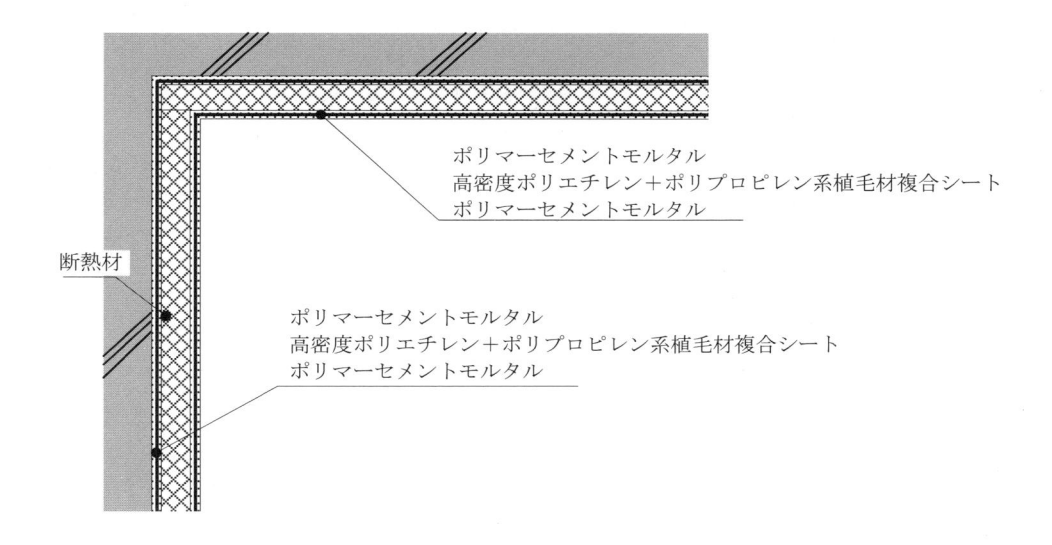

解説図 3.3.32　天井一壁入隅部（冷水槽）納まり例

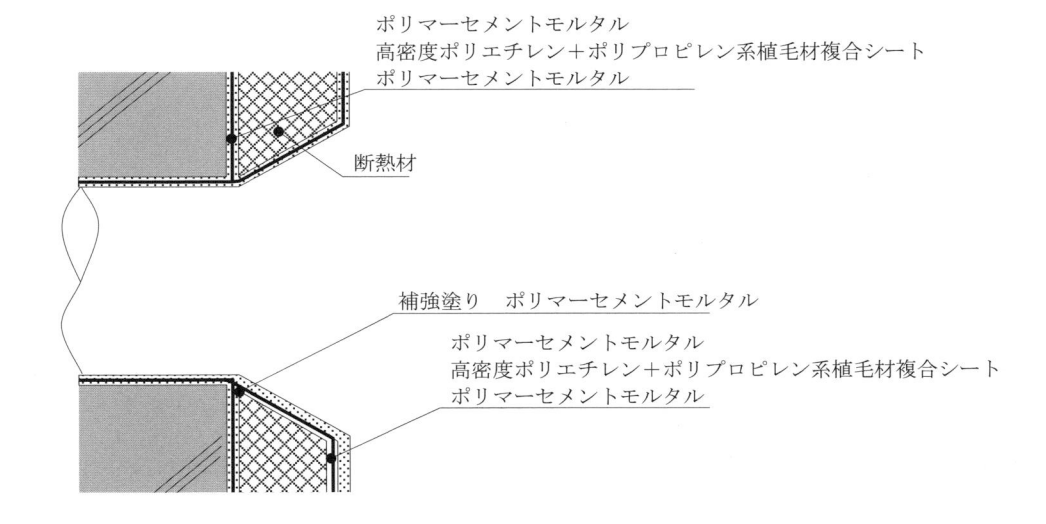

解説図 3.3.33　貫通管部納まり例

(4) 自主検査方法

　　最終保護層のひび割れ，傷による欠損部の有無を目視により検査する．

(5) 設計上の注意点

　(i) 浸水する天井梁の通気管の設置

　　水槽内天井梁が水につかる場合は，必ず通気管を設置する．

(ii) 貫通管等の設置位置は断熱防水仕上面より，下記に示す寸法を確保する．

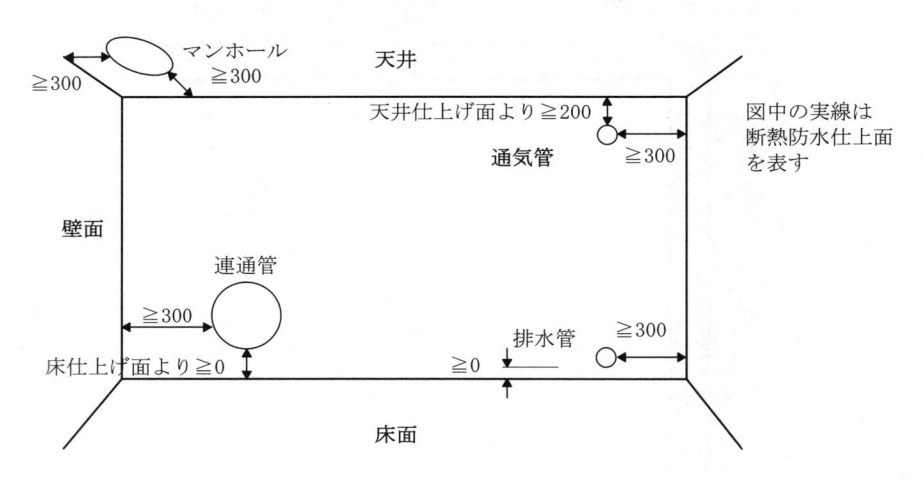

解説図 3.3.34　貫通管等設置寸法の概要

3.3.2　断熱防水工法の選定

> a．断熱防水工法は，表 3.3.1「断熱防水工法」に示す標準工法からその特徴を考慮して選定する．
> b．表 3.3.1「断熱防水工法」に示す標準工法以外の工法は，蓄熱槽の要求性能を満足する事を確認して選定する．

　a．表 3.3.1 に標準として示した「断熱防水工法」は，使用する防水材や断熱材の種類およびそれらの組合わせが各々異なり断熱防水材料としての特徴があるほか，施工法にも各々特徴がある．蓄熱槽の種類や蓄熱槽が設置される環境，施工条件などに応じて，断熱防水工法の特徴を十分に把握した上で適切な断熱防水工法を選定することが重要である．

　b．防水材や断熱材には多くの種類があり組合せも多数あるなかで標準工法として示した工法は，使用している材料の特性や断熱防水としての性能，施工法が明確であり，施工実績も十分にあるものである．しかし，新たに開発された工法など標準工法としていない工法でも，使用する断熱材・防水材・施工方法などが要求性能を満たすことができれば，断熱防水工法として使用することもできる．標準工法以外の工法を選定するに当たっては，設計者が蓄熱槽の要求性能と選定しようとしている断熱防水工法の特徴を十分に検討し，要求性能を満足することを確認した上で選定することが重要である．

【参考文献】

1) 石田陸夫・佐々木晴夫・堀江一志：蓄熱槽に用いる断熱材の耐圧性能について，日本建築学会大会学術講演梗概集(関東)，材料施工 1035，pp69-70，2011 年 8 月
2) 日本下水道事業団　下水道コンクリート構造物の腐食抑制技術及び防食技術マニュアル　2012.7

4章 施 工

4.1 施工計画

4.1.1 設計図書の確認

> a．設計図書に基づき断熱防水を施す蓄熱槽に関して下記の事項を確認する．
> 　(1)　蓄熱槽の配置と周囲の状況
> 　(2)　槽の形状・寸法
> 　(3)　マンホールの配置・数
> 　(4)　連通管・人通口等の配置
> 　(5)　槽付属設備
> 　(6)　平均水温・運転時水温
> 　(7)　循環方式
> 　(8)　維持保全性
> b．設計図書に基づき，蓄熱槽の断熱防水の仕様および性能に関して下記の事項を確認する．
> 　(1)　断熱防水の工法
> 　(2)　断熱防水の施工部位と範囲
> 　(3)　断熱性能
> 　(4)　防水性能

　設計図書では，蓄熱槽の断熱防水の工法や工事上の制約等について詳細に確定されていない場合もある．また，断熱防水の防水工事業者が決まった後に協議決定される事項もあるため，工事に先立ち施工管理する立場での設計図書の確認が必要となる．

　a．蓄熱槽の断熱防水にかかわる設計図書の確認にあたっては，まず断熱防水を施す槽に関して，本文(1)～(8)に示す事項を確認する．

　(1)　蓄熱槽の配置と周囲の状況

　　　蓄熱槽の配置と周囲の状況については，設計図書により周囲の湧水槽の有無や異種水槽の配置を確認するとともに，土質柱状図により耐圧盤下部からの被圧水等を把握し，コンクリート下地面からの影響を明確にする．

　(2)　槽の形状・寸法

　　　槽の形状および寸法については，躯体の寸法と断熱防水の厚さを考慮し，所要の容量が確保されていること，およびその内法寸法で支障なく作業できることの確認が大切である．工法によっては，槽の深さとスパンに限度があるものもある．また，建物基礎のような凹凸に施工性を左右される．槽の形状が三角形の場合，入隅の角度によっては隅切りなどの工夫が必要となる．

(3) マンホールの配置と数

　　マンホールの配置は，施工時だけではなく完成後の点検時も考慮して，各槽に必ず1箇所設置されていることが望ましい．また，マンホールは施工時や改修時の資機材の搬出入口となるものでもあり，適切な大きさが確保されていることが必要である．

　　また，マンホールが結露したり，マンホールから槽内への漏水が生じたりすることがあるため，その仕様が断熱性や防水性を考慮しているかどうか確認する必要がある．

(4) 連通管・人通口等の配置

　　連通管は，スラブの段差や基礎の大きさに注意し，水の滞留が生じないように，隣接する水槽に対して上下交互に配置する．

　　人通口は各槽にマンホールが設置されれば原則として不要であるが，やむを得ず設ける場合には，資機材の搬出入が可能な寸法を確保するとともに槽内水の流水経路等に影響のないことを確認する．

　　また，施工性の面では，連通管・人通口等の周りの断熱防水の施工が確実にできるように，壁やスラブから適切な距離を確保することが必要である．

(5) 槽付属設備

　　槽付属設備と断熱防水との納まりは，標準化されているものが多い．指示された槽付属設備の材質・形状・配置で支障なく施工できるか確認する．特に釜場やはしご，タラップなどの設置に際して，実状に合わせて検討する．

(6) 平均水温・運転時水温

　　各工法の適応できる温度域内に平均水温・運転時水温（槽出入口温度等）が納まっているかを確認する．

(7) 循環方式

　　槽内水の流速による断熱防水への影響の有無を調べる点から循環方式を確認しておく必要がある．通常 0.1～0.3m/sec 程度の流速であれば各工法とも支障はないが，これを超える場合には検討が必要となる．

(8) 維持保全性

　　蓄熱槽は，常時点検できることが大切であり，前述したように各槽に必ず1箇所マンホールを設置し，タラップを備えておくことが望ましい．またマンホールまでの動線に支障がないことの確認も必要である．

b．蓄熱槽の断熱防水にかかわる設計図書の確認にあたっては，断熱防水の仕様および性能に関して，本文(1)～(4)に示す事項を確認しておく必要がある．

(1) 断熱防水の工法

　　断熱防水の工法が指定されているかの確認が大切である．工法の指定で要求性能に代えている場合もある．しかし，工法が指定されていても，その工法が工事条件等に照らして適切であるか否かの検討を省くことはできない．

(2) 断熱防水の施工部位と範囲

　　断熱層の施工範囲は表3.1.1に，また，防水層の施工範囲は表3.2.1にその標準が示されている．ただし下記のような場合にはその施工を省くこともあるので断熱防水の施工部位と範囲の確認が必要である．

＜防水の施工を省く場合＞

・冷水槽および氷蓄熱槽の天井で，断熱材表面に防水層を施工すると防水層の上部に結露水がたまり，重みで防水層がはく落する恐れがある場合．（解説図3.1.7および表3.2.1　注1参照）

(3) 断熱性能

　　断熱防水の断熱性能は，使用する断熱材の種類・使用温度によって異なるので，このことを考慮して要求性能を把握しておくことが大切である．

(4) 防水性能

　　断熱防水の防水性能は，槽外への漏水防止と槽内水による断熱材への吸水防止としての防水をあわせて評価されるものである．

4.1.2　施工計画書および施工図の作成

---

a．断熱防水の施工に先立ち，施工計画書を作成する．施工計画書には，下記の事項を記載する．
　(1)　断熱防水の工事概要
　(2)　施工管理の体制
　(3)　使用材料と施工結果が具備すべき品質
　(4)　工法の概要
　(5)　施工中および完了時の品質管理計画
　(6)　養生計画
　(7)　仮設計画
　(8)　安全管理計画

b．断熱防水の施工に先立ち，施工図を作成する．施工図には下記の事項を記載する．
　(1)　躯体形状
　(2)　断熱材，防水材の施工範囲
　(3)　マンホールの位置
　(4)　連通管，人通口等の位置
　(5)　槽付属設備

---

　a．施工計画書は，断熱防水工事の開始に先立ち，施工者の役割のもとでいかなる手段・方法で施工するかを設定したものであり，断熱防水工事にかかわる監理者および施工者の役割分担，つくるべき「もの」の具体的確認と合意が盛り込まれるとともに，断熱防水工事の防水工事業者への計画伝達書の性格をもつものである．

　これに対して施工要領書は，施工者が設定した施工計画書のもとで，断熱防水工事の防水工事業者が具体的に施工を行う手段・方法（例えば，蓄熱槽の断熱防水工事の作業標準）を明らかにしたも

のであり，施工者との合意に基づく自主的な作業計画書である．尚，施工要領書については，4.1.4 で述べる．

施工計画書の 各項目の記載内容を以下に示す．

(1) 断熱防水の工事概要

断熱防水の工事概要・工事条件・工事範囲・工事工程等を記載する．

(2) 施工管理の体制

施工者・防水工事業者・使用材料製造業者の役割分担等を記載する．

(3) 使用材料と施工結果が具備すべき品質

設計品質・合意品質等を記載する．

(4) 工法の概要

断熱防水の種別・保護・仕上げ等を記載する．

(5) 施工中および完了時の品質管理計画

品質管理工程表等を記載する．

(6) 養生計画

他業種工事による損傷防止・工事中断時の対策等を記載する．

(7) 仮設計画

揚重・運搬・保管・換気設備等を記載する．

(8) 安全管理計画

安全衛生管理事項等を記載する．

また，断熱防水工事の品質保証のためには，工事の検査・試験とともに工事の記録も重要である．検査・試験で確認できる品質は限られており，造り込み方が大切であることはいうまでもないが，断熱防水工事に先立って確定した施工計画書に従って工事が行われた証としての施工記録は，断熱防水工事の保証を支援する資料・竣工後の不具合発生に対する判断材料・工事の合理化を行う場合の評価材料ともなるものである．

b．施工図は，断熱防水の施工および施工管理を行うために必要なものであり，設計図に表現されていない部分を補足するとともに，設計図を実際の「もの」にするための検討の手段ともなるものである．

(1) 躯体形状

躯体形状の中でも，蓄熱槽内部の段差や釜場の形状などを記載することにより，問題点を明確にし，施工できるように改善する．

(2) 断熱材，防水材の施工範囲

断熱材の施工範囲，厚み，防水材の施工範囲などを記載する．

(3) マンホールの位置

マンホールの位置を明確にし，他の配管類と干渉しないようにする．

(4) 連通管，人通口等の位置

連通管，人通口等の位置（高さ，設置位置）を明確にし，防水材や断熱材と干渉しないようにする．

(5) 槽付属設備

槽付属設備（はしご，タラップなど）を設置する際，防水材を貫通させて設置する場合があるため，必ず施工図に記載する．

4.1.3 防水工事業者の指定

> 施工者は施工実績等を考慮して，蓄熱槽の断熱防水工法の施工が可能な防水工事業者を指定する．

蓄熱槽の断熱防水工事の防水工事業者は，3.3.1および4.1.1.bに合致した断熱防水工法のいずれかの施工が可能な業者とし，冷水槽，冷温水槽，温水槽，氷蓄熱槽などの種類や水槽の深さによって断熱防水仕様が異なるため，それぞれの施工実績を確認することが必要である．また蓄熱槽の深さや使用温度によって，断熱防水工法の種類が限定されることがあるので，施工図にて確認を行うと共に，防水工事業者にヒアリングを行う必要がある．

4.1.4 施工要領書の作成

> a．防水工事業者は，施工計画書にしたがって下記項目を盛り込んだ施工要領書を作成する．
> (1) 作業担当者およびその責任者
> (2) 工程
> (3) 安全対策
> (4) 使用材料
> (5) 施工機械・道具
> (6) 施工法
> (7) 品質管理方法
> (8) 検査および確認事項
> b．施工者は，施工要領書の内容が施工計画書と合致していることを確認する．

施工計画に準じて，実際に安全かつ確実に断熱防水工事を実施するためには，防水工事業者に対して施工要領書の提出を求める．

(1) 作業担当者およびその責任者

断熱防水工事の実施者と工事責任者を記載する．

(2) 工程

下地処理に関しては項目別に担当区分を明記する．

(3) 安全対策

　　作業者の安全を確保するため，断熱防水工法に応じた対策を記載する．

　　特に塗装材，プライマー，接着剤など有機溶剤を含有する材料を使用する場合は，換気対策計画書を添付する．その際，周辺建物や地球環境への影響についても考慮し，排出ガスによっては脱臭装置などの導入も検討する．

(4) 使用材料

　　断熱防水工事で使用する材料の種類，数量，特徴などを記載する．

(5) 施工機械

　　施工時に使用する機械の配置，大きさ，重量，電源の有無，電気容量などを明記する．

(6) 施工法

　　施工手順を記載し，施工時の留意点も明記する．

(7) 品質管理方法

　　各断熱防水工法に応じて，品質管理方法が異なるため，工法に応じた断熱性能・防水性能を確保するための管理方法を明記する．

(8) 検査および確認事項

　　各工程別に検査項目を明記する．検査項目に関しては事前に防水工事業者と施工者の間で確認する．

4.2　使用材料・機器の保管および取扱い

> a．保管および取扱いにあたっては，消防法・労働安全衛生法等関係法規に従い安全を確保する．
> b．工場で成形された材料は，雨露や直射日光の当たらない場所に湿気の影響や損傷を受けない状態で保管し，運搬にあたっては損傷を与えないように取り扱う．
> c．液状や粉状の材料は，雨露や直射日光の当たらない場所に密封状態で保管し，溶剤系材料では換気に万全を期し，エマルション系材料では凍結しないように注意する．
> d．施工用の機械器具および工具は，常に整備しておき，能率よく適所に使用する．

　a．溶剤系のプライマーや塗装材および接着剤などには，可燃性の揮発性有機溶剤が含まれているため，引火性があり，また人体へ気道や皮膚を通じて侵入し，健康障害を起こす．このため，有機溶剤を一定量以上使用したり貯蔵したりする場合は，火災安全上と健康上の観点から法令上の各種の規制がある．

　火災安全上の規制は，消防法およびその関連法規に定められている．このため各種規制を十分に調査し，必要な手続きをとる一方，溶剤を含む材料は密封状態で保管し，火気に十分注意して，工事中の火災発生防止に努める必要がある．

　健康管理上の規制は労働安全衛生法，およびその関連法規により定められている．特に水槽の中など通風・換気条件の悪い場所での取扱いに関しては，これらの規制に従って，機械的換気を行う

など作業者の健康管理に注意する必要がある．

また，化学物質を取り扱う際には，化学物質の危険性または有害性の情報が関係者に確実に伝達され，その情報を有効に活用して化学物質を適切に管理することが重要である．そのような観点から絵表示や注意喚起語等を含むラベルや化学物質等安全データシート(MSDS)を作成・交付すること等を内容とする「化学品の分類及び表示に関する世界調和システム(GHS)」を用いた表示が，2012年4月1日から労働安全衛生規則で義務付けられた．

そこで，作業にあたっては，材料の梱包，容器類に表示された内容，および化学物質等安全データシート(MSDS)を活用し，特に揮発性有機化合物（VOC）を含む材料については，作業者の人体に影響を及ぼさないように適切な措置（換気・保護具の着用など）をとらなければならない．

b．工場で成形された防水材および断熱材は直射日光を避け，湿気の影響を受けにくい場所で保管し，材料が損傷を受けないようにしないと，材料が劣化したり，その後の施工に支障をきたすことになる．断熱材は吸水・吸湿すると断熱性能が低下したり，反り変形が生じたりする．

c．液状や粉状の材料は直射日光に当たって高温にさらされたり，雨露にさらされると化学反応や変質劣化が進行しやすいので，直射日光や雨露を避け，密封状態で保管しなければならない．また，溶剤系の材料は揮発成分がもれるおそれがあるので換気には万全を期し，エマルション系の材料は凍結しないように5℃以上で保管する．

d．施工用の機械・工具類を水槽内へ運搬する際に，落下させたり，養生なしに置いたりすると防水材や断熱材を変形・損傷させたりする可能性があるので，マンホールの直下周辺などを養生することが必要である．

4.3　施工前の確認

> a．槽内への地下水の浸入は，有効に止水または排水されていなければならない．
> b．断熱防水の下地は，施工に適した平滑面となっていなければならない．
> c．断熱防水の下地は，断熱層および防水層を有効に保持できる強度がなければならない．
> d．断熱防水の下地は，断熱層および防水層との接合に支障をきたすような汚れ・異物・水分があってはならない．

a．躯体の状態での槽内への地下水の浸入は，躯体の内面を湿潤状態にし，その上に施工される断熱防水との接着等が不十分となり，断熱防水の膨れや場合によってははく落といった故障につながる．したがって，断熱防水を施工する躯体は止水されていることが求められる．

しかし，地下躯体は山留め支保工や構台の支柱等による駄目穴ができやすく，またコンクリートの打継ぎも多く，コールドジョイント・豆板・セパレーター周りといったコンクリートの不連続部も発生しやすいものである．これらに対して，ポリマーセメント系塗膜防水材を塗布して止水する方法がよく行われているが，ほかに躯体を水密性の高いコンクリートで打設する方法や，躯体の表面にケイ酸質系塗布防水材を塗布して止水する方法が検討されている．

また，外周に湧水槽などを配置して，排水が適切に行えるようにすることが最も有効な手段である．

b．SP-BA工法，L-SA工法では，断熱材が下地コンクリートに密着していなければならない．特に板状断熱材を接着する工法(SP-BA 工法)では，下地に凹凸があると接着剤が界面に十分充填されず接着不良となり，断熱防水の局部的な膨れやはく落を招くことがある．その他の工法でも下地に凹凸があると，槽の水圧により断熱防水層に局部変形を生じたり，防水層を破損することもある．事前に下地の平滑度を検査し，異常があれば補修しておくことが必要である．

c．断熱材を機械固定する工法（S-BM工法，L-BM工法）では，固定金物が埋め込まれる下地のコンクリート強度が機械固定の強度を支配する．したがって豆板などの下地コンクリートの不具合部分は事前に補修しておく必要がある．

d．断熱材を接着固定する工法（SP-BA工法）や吹き付ける工法（L-SA工法）では，下地コンクリートの表面状態が，その接着強度を支配する．したがってレイタンス・油脂・ちり・表面硬化不良などは事前に取り除くなどの補修をしておく必要がある．

4.4 作業環境

> a．断熱防水の施工は，安全衛生に配慮しなければならない．
> (1) 第三者の災害防止のため，開口部の落下防止柵を設ける．
> (2) 昇降タラップや足場等からの墜落事故を防ぐため，安全を確保して作業を進める．
> (3) 酸素欠乏症を未然に防ぐため，酸欠危険作業主任者を配置し，酸素濃度測定器による測定を適宜行い，危険防止に努める．
> (4) 換気設備や照明設備を設け，蓄熱槽内の環境に留意する．
> (5) 電動工具などを使用する際には漏電・感電事故に留意する．
> b．断熱防水の施工は，断熱および防水の品質確保に適した作業環境で行われなければならない．
> (1) 気温が著しく低く，施工に支障を生ずることが予想される場合には施工してはならない．
> (2) 高温・高湿のときは，関係者協議のうえ，施工の可否を決定する．
> (3) 高所作業の場合には，適切な足場を設ける．架払いの際に，すでに施工した断熱防水層を損傷しないように注意する．

a．蓄熱槽の断熱防水工事は地下水槽内での工事であり，特に安全衛生に配慮することが重要である．

(1) マンホールは出入り口であるとともに換気を取るための開口であり，作業時にはオープンのままとなるため，落下防止柵が必要となる．

(2) 槽内作業にあたっては，まず安全に作業できるスペースが確保できることが前提である．

(3) 槽内作業では，ドリルを使用する場合には粉塵が発生し，塗装材や吹付け断熱材を使用する場合には揮発性ガスが発生するので，それらが槽内に充満することによって火災や酸欠の危険が予想される．これに対して労働安全衛生規則で安全管理の細目が定められており，作業員は

防塵眼鏡・防塵マスク等を着用する必要がある．また安全管理者は換気装置を設置し槽内外の粉塵や有害ガス・可燃性ガス濃度を下げることに努めるとともに酸素濃度を測定し，酸素濃度18％以下の場合には作業を中止し換気による酸素補給を行うことが必要である．

(4) 槽内作業を適正に行うためには，作業員にとって適切な作業環境（温湿度・照度等）が望まれる．

(5) 地下の槽内では,雨水もたまりやすく電動工具の使用にあたっては必ず漏電防止装置を取り付け，始業前にアースの接続などの確認と電動工具の点検を行い，漏電・感電事故の防止に努める．

b．断熱防水工事は建物地下の特殊な環境での工事となる．低温下では，吹付け断熱材の場合，発泡状態が悪く不均一となり，結果として所要の断熱性能が得られないことがある．また，エポキシ樹脂やポリマーセメントについても強度の発現が遅れたりすることで，はく離に至る可能性がある．一方，躯体表面の乾燥が不十分であると，ポリマーセメント以外の材料は躯体表面への接着が悪くはく離しやすくなるので，下地を十分乾燥させてから作業を行う必要がある．

(1) 気温が低いときは下地表面の温度が気温より低下することが多いので,塗膜防水材や接着剤の硬化，乾燥不良による接着不良および造膜不良，吹付け断熱材の接着不良や発泡不良などを生じやすい．そのため，気温が著しく低い場合特に 5℃以下では，反応硬化型の材料を施工しない．

(2) 高温時の場合は,乾燥や反応硬化が早くなるものや，べたつきの生ずる材料があるので材料の特性を留意した施工が必要である．また，下地がふく射熱を受けて温度上昇するのに伴い，下地内部の空気や水分が膨張してふくれを生ずるおそれがある．湿度が高く風通しの悪い場所や，日中暖かくて夕方急に低温になったような場合は，防水下地や防水層表面に結露を生ずることがある．結露を生じた場合には作業を中止する．作業を再開する場合は乾燥を確認のうえ施工する．

(3) 水槽施工には足場が必要となるが，防水工事業者と打合せのうえ，足場の設置方法を決定する．天井面・壁面の防水工事完了後の足場ばらしには細心の注意を払い，防水層を傷つけることのないようにしなければならない．このためには，足場計画の際の検討が重要である．

4.5 断熱防水工法の施工法

> 蓄熱槽の構築は，下記の工程ごとに確認事項を適切に実施し，施工しなければならない．
> (1) 施工図の確認
> (2) 躯体施工の確認
> (3) 断熱防水施工
> (4) 検査

　本技術指針で取上げた断熱防水工法は，その種類により，湧水排水に関する仕様，貫通管周囲の断熱防水材の納まり，マンホール周囲の断熱防水材の納まり，設備機器との取合い部の納まりなどが異なるとともに，各部位の施工手順が異なる．蓄熱槽の構築においては，断熱防水工法の施工法を十分に理解し，躯体施工の段階で，断熱防水工法の仕様に合致した躯体となるように計画し，適切に施工することによって，蓄熱槽としての性能を確保できる．

　各工法に共通した工程と工程ごとの主な留意事項をまとめて解説図4.5.1に示す．

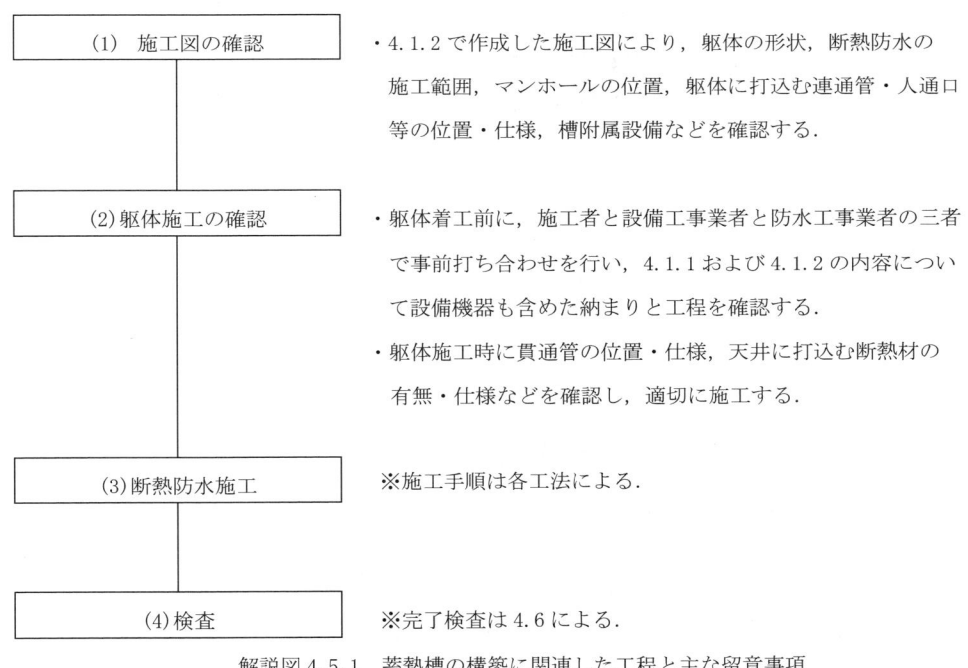

```
┌──────────────────┐   ・4.1.2で作成した施工図により，躯体の形状，断熱防水の
│ (1) 施工図の確認  │     施工範囲，マンホールの位置，躯体に打込む連通管・人通口
└──────────────────┘     等の位置・仕様，槽附属設備などを確認する．

┌──────────────────┐   ・躯体着工前に，施工者と設備工事業者と防水工事業者の三者
│(2)躯体施工の確認 │     で事前打ち合わせを行い，4.1.1および4.1.2の内容につい
└──────────────────┘     て設備機器も含めた納まりと工程を確認する．
                         ・躯体施工時に貫通管の位置・仕様，天井に打込む断熱材の
                           有無・仕様などを確認し，適切に施工する．

┌──────────────────┐
│(3)断熱防水施工    │   ※施工手順は各工法による．
└──────────────────┘

┌──────────────────┐
│   (4) 検査        │   ※完了検査は4.6による．
└──────────────────┘
```

解説図4.5.1　蓄熱槽の構築に関連した工程と主な留意事項

　以下(i)～(iv)に各工法別に工法の概要とフローチャートを示す．

(i) S-BM工法

S-BM工法とは板状断熱材を機械固定後,固定金具により塩化ビニル樹脂系防水シートを固定する工法である.

フローチャート（冷水槽の例）

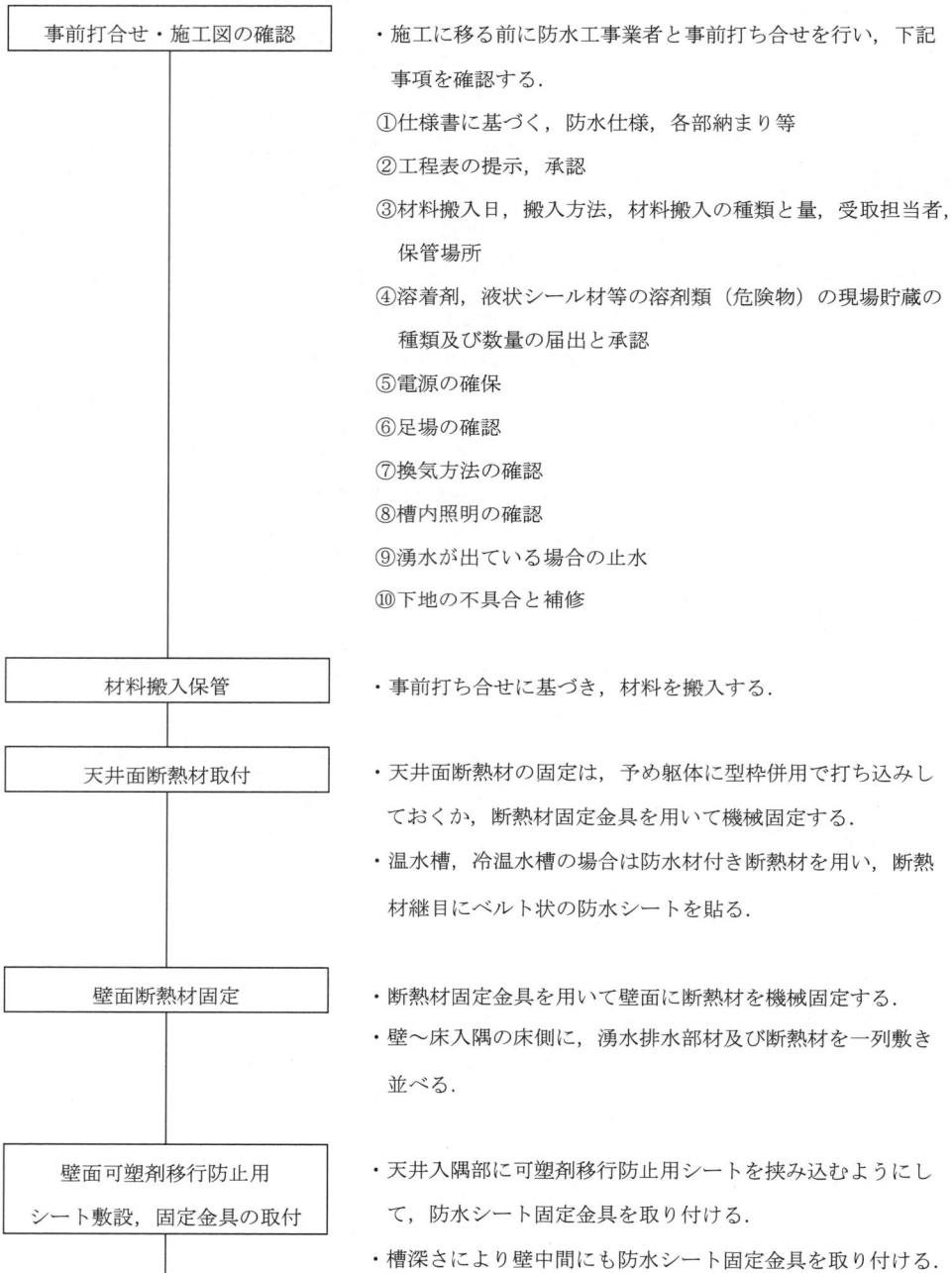

事前打合せ・施工図の確認	・施工に移る前に防水工事業者と事前打ち合せを行い,下記事項を確認する. ①仕様書に基づく,防水仕様,各部納まり等 ②工程表の提示,承認 ③材料搬入日,搬入方法,材料搬入の種類と量,受取担当者,保管場所 ④溶着剤,液状シール材等の溶剤類（危険物）の現場貯蔵の種類及び数量の届出と承認 ⑤電源の確保 ⑥足場の確認 ⑦換気方法の確認 ⑧槽内照明の確認 ⑨湧水が出ている場合の止水 ⑩下地の不具合と補修
材料搬入保管	・事前打ち合せに基づき,材料を搬入する.
天井面断熱材取付	・天井面断熱材の固定は,予め躯体に型枠併用で打ち込みしておくか,断熱材固定金具を用いて機械固定する. ・温水槽,冷温水槽の場合は防水材付き断熱材を用い,断熱材継目にベルト状の防水シートを貼る.
壁面断熱材固定	・断熱材固定金具を用いて壁面に断熱材を機械固定する. ・壁〜床入隅の床側に,湧水排水部材及び断熱材を一列敷き並べる.
壁面可塑剤移行防止用シート敷設,固定金具の取付	・天井入隅部に可塑剤移行防止用シートを挟み込むようにして,防水シート固定金具を取り付ける. ・槽深さにより壁中間にも防水シート固定金具を取り付ける. ・壁入隅部に防水シート固定金具を取り付ける. ・床入隅に防水シート固定金具を取り付ける.

4章 施工 －97－

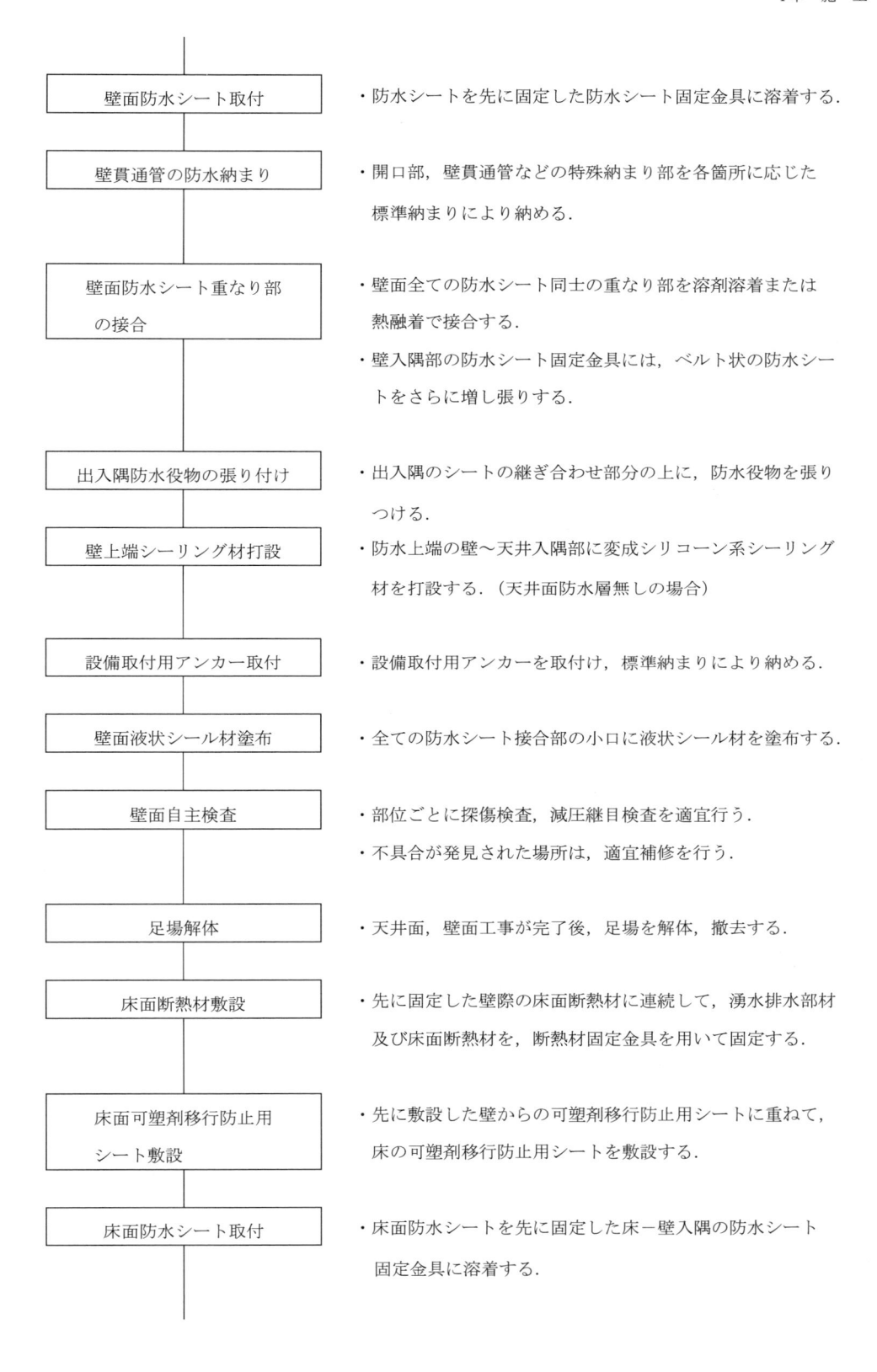

壁面防水シート取付	・防水シートを先に固定した防水シート固定金具に溶着する．
壁貫通管の防水納まり	・開口部，壁貫通管などの特殊納まり部を各箇所に応じた標準納まりにより納める．
壁面防水シート重なり部の接合	・壁面全ての防水シート同士の重なり部を溶剤溶着または熱融着で接合する． ・壁入隅部の防水シート固定金具には，ベルト状の防水シートをさらに増し張りする．
出入隅防水役物の張り付け	・出入隅のシートの継ぎ合わせ部分の上に，防水役物を張りつける．
壁上端シーリング材打設	・防水上端の壁～天井入隅部に変成シリコーン系シーリング材を打設する．（天井面防水層無しの場合）
設備取付用アンカー取付	・設備取付用アンカーを取付け，標準納まりにより納める．
壁面液状シール材塗布	・全ての防水シート接合部の小口に液状シール材を塗布する．
壁面自主検査	・部位ごとに探傷検査，減圧継目検査を適宜行う． ・不具合が発見された場所は，適宜補修を行う．
足場解体	・天井面，壁面工事が完了後，足場を解体，撤去する．
床面断熱材敷設	・先に固定した壁際の床面断熱材に連続して，湧水排水部材及び床面断熱材を，断熱材固定金具を用いて固定する．
床面可塑剤移行防止用シート敷設	・先に敷設した壁からの可塑剤移行防止用シートに重ねて，床の可塑剤移行防止用シートを敷設する．
床面防水シート取付	・床面防水シートを先に固定した床－壁入隅の防水シート固定金具に溶着する．

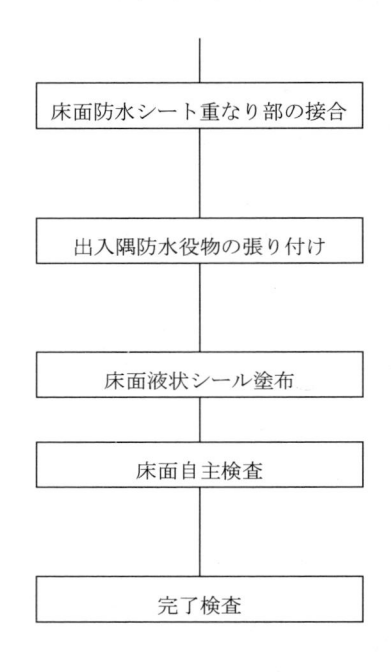

```
┌─────────────────────────┐
│ 床面防水シート重なり部の接合 │──・床面全ての防水シート同士の重なり部を溶剤溶着または
└────────────┬────────────┘  　熱融着で接合する．
             │
┌────────────┴────────────┐
│ 出入隅防水役物の張り付け  │──・出入隅のシートの継ぎ合わせ部分の上に，防水役物を
└────────────┬────────────┘  　張りつける．
             │
┌────────────┴────────────┐
│   床面液状シール塗布     │──・全ての防水シート接合部の小口に液状シール材を塗布する．
└────────────┬────────────┘
             │
┌────────────┴────────────┐
│     床面自主検査         │──・部位ごとに探傷検査，減圧継目検査を適宜行う．
└────────────┬────────────┘  ・不具合が発見された場所は，適切な補修を行う．
             │
┌────────────┴────────────┐
│       完了検査           │──・完了検査を実施する．
└─────────────────────────┘
```

(ii) L-BM工法

L-BM工法とは板状断熱材を機械固定後,ウレタンゴム系（高強度形）塗膜防水材を吹付けまたは塗布する工法である．

フローチャート

事前打合せ・施工図の確認	・施工に移る前に防水工事業者と事前打ち合せを行い，下記事項を確認する． ①仕様書に基づく，防水仕様，各部納まり等 ②工程表の提示，承認 ③材料搬入日，搬入方法，材料搬入の種類と量，受取担当者，保管場所 ④施工機械の設置場所 ⑤電源の確保 ⑥足場の確認 ⑦換気方法の確認 ⑧槽内照明の確認 ⑨湧水が出ている場合の止水 ⑩下地の不具合と補修
材料搬入保管	・事前打ち合せに基づき，材料を搬入する．
天井面　断熱材取付	・天井面断熱材の固定は，予め躯体に型枠併用で打ち込みしておくか，断熱材固定金具を用いて機械固定する．
壁・床面　断熱材固定	・壁～天井入隅部はアルミアングルを用いて機械固定する． ・床面は固定金具を用いて排水溝および導電フィルム付断熱材を機械固定する． ・壁入隅・壁床入隅に面木を接着固定する． ・断熱材継目に導電テープを貼る．
貫通部防水納まり	・設備取付け用アンカーや貫通管周りは標準納まりにより納める． ・必要に応じて防水材の増塗りを行う．

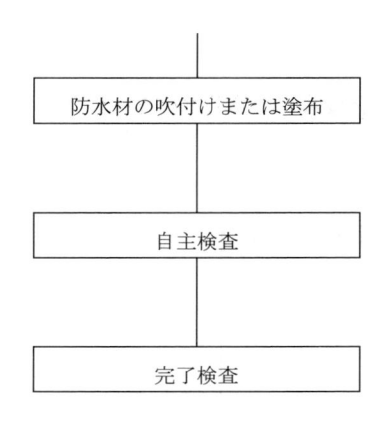

```
     ↓
┌──────────────────┐     ・壁，床の順に防水材を規定の塗布量吹付けまたは塗布する．
│ 防水材の吹付けまたは塗布 │       天井は必要に応じて防水施工を行う．
└──────────────────┘
     │
     ↓
┌──────────────────┐     ・部位ごとに探傷検査，膜厚検査を適宜行う．
│      自主検査      │     ・不具合が発見された場所は，適切な補修を行う．
└──────────────────┘
     │
     ↓
┌──────────────────┐     ・完了検査を実施する．
│      完了検査      │
└──────────────────┘
```

(iii) L-SA 工法

L-SA 工法とは吹付け断熱材を吹付け施工後，ウレタンゴム系（高強度形）塗膜防水材を吹付けまたは塗布，若しくはエポキシ樹脂系塗膜材をこて塗り施工する工法である．

フローチャート

事前打合せ・施工図の確認	・施工に移る前に防水工事業者と事前打ち合せを行い，下記事項を確認する． ①仕様書に基づく，防水仕様，各部納まり等 ②工程表の提示，承認 ③材料搬入日，搬入方法，材料搬入の種類と量，受取担当者，保管場所 ④プライマー・断熱材・防水材（危険物）の現場貯蔵の種類，及び数量の届出と承認 ⑤施工機械の設置場所 ⑥電源の確保 ⑦換気方法の確認 ⑧足場の確認 ⑨槽内照明の確認 ⑩湧水が出ている場合の止水
材料・施工機械の搬入保管	・事前打合せに基づき，材料・施工機械を搬入する．
躯体表面の乾燥状態の確認	・施工に先立ち，躯体表面の乾燥状態を確認する．乾燥していない場合は，換気・除湿を行い乾燥させる．
壁貫通管の防水納まり	・開口部，壁貫通管などの特殊納まり部を各箇所に応じた標準納まりにより納める．
天井・梁　断熱材吹付け	・専用吹付け機を用いて断熱材を吹付け施工するか，または，予め板状断熱材を打込み施工する． ・吹付け施工の場合には，断熱材の厚さを，専用治具を用いて適宜確認し，記録用紙に記録する．

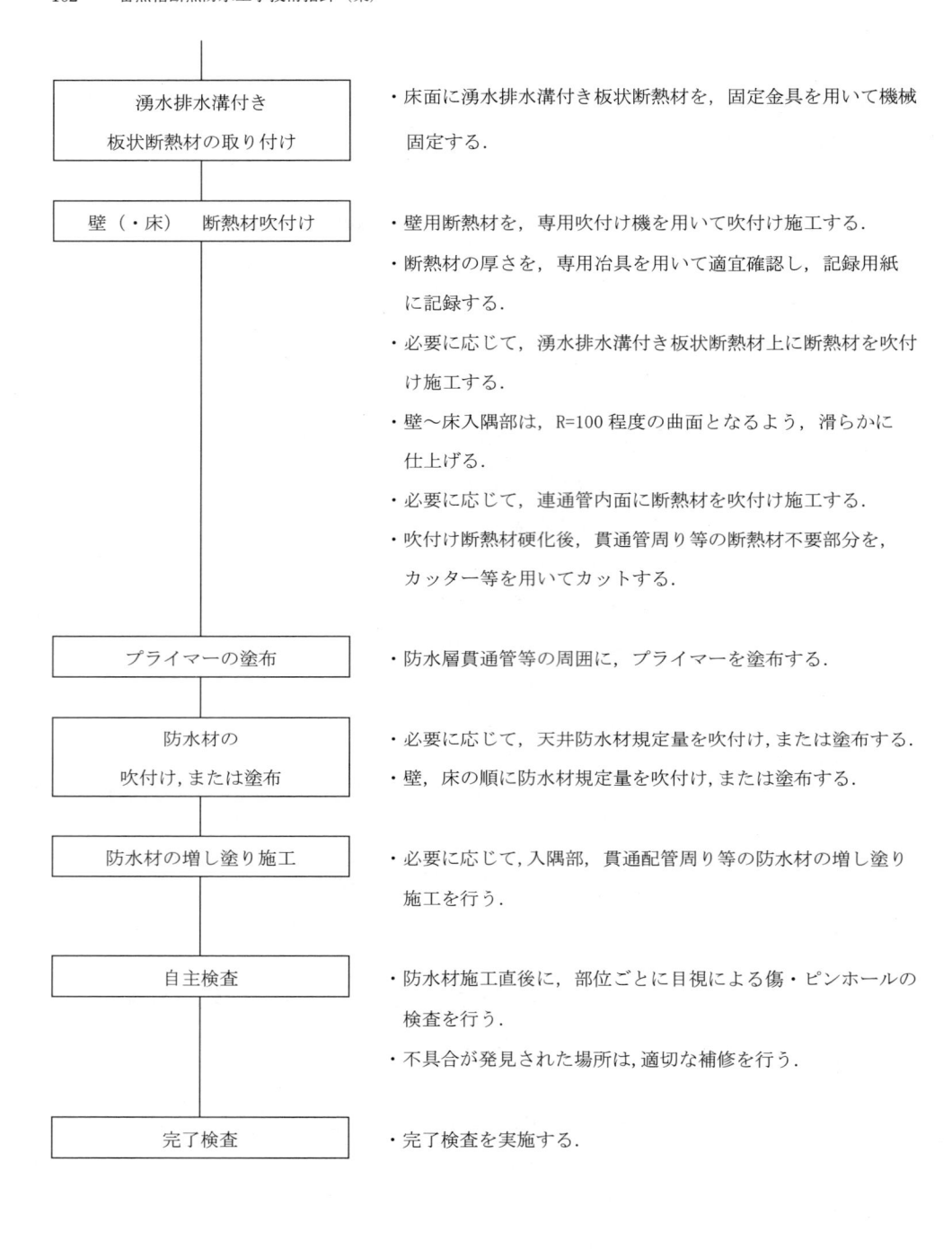

湧水排水溝付き板状断熱材の取り付け	・床面に湧水排水溝付き板状断熱材を，固定金具を用いて機械固定する．
壁（・床）断熱材吹付け	・壁用断熱材を，専用吹付け機を用いて吹付け施工する． ・断熱材の厚さを，専用治具を用いて適宜確認し，記録用紙に記録する． ・必要に応じて，湧水排水溝付き板状断熱材上に断熱材を吹付け施工する． ・壁〜床入隅部は，R=100程度の曲面となるよう，滑らかに仕上げる． ・必要に応じて，連通管内面に断熱材を吹付け施工する． ・吹付け断熱材硬化後，貫通管周り等の断熱材不要部分を，カッター等を用いてカットする．
プライマーの塗布	・防水層貫通管等の周囲に，プライマーを塗布する．
防水材の吹付け，または塗布	・必要に応じて，天井防水材規定量を吹付け，または塗布する． ・壁，床の順に防水材規定量を吹付け，または塗布する．
防水材の増し塗り施工	・必要に応じて，入隅部，貫通配管周り等の防水材の増し塗り施工を行う．
自主検査	・防水材施工直後に，部位ごとに目視による傷・ピンホールの検査を行う． ・不具合が発見された場所は，適切な補修を行う．
完了検査	・完了検査を実施する．

(ⅳ) SP-BA工法

SP-BA工法とは,高密度ポリエチレン+ポリプロピレン系植毛材複合シートをポリマーセメントモルタルで接着後,板状断熱材をポリマーセメントモルタルで接着固定し,再度,高密度ポリエチレン+ポリプロピレン系植毛材複合シートおよびポリマーセメントモルタルで防水層を形成する工法である.

フローチャート　(冷水槽の例)

事前打合せ・施工図の確認	・施工に移る前に防水工事業者と事前打ち合せを行い,下記事項を確認する. ①仕様書に基づく,防水仕様,各部納まり等 ②工程表の提示,承認 ③材料搬入日,搬入方法,材料搬入の種類と量,受取担当者,保管場所 ④電源の確保 ⑤足場の確認 ⑥換気方法の確認 ⑦槽内照明の確認 ⑧湧水が出ている場合の止水 ⑨下地の不具合と補修
材料搬入保管	・事前打ち合せに基づき,材料を搬入する.
天井面　断熱材取付け	・天井面断熱材は予め打ち込む.
天井面・壁面防水材断熱材施工	・ポリマーセメントモルタルをこて塗り施工後,高密度ポリエチレン+ポリプロピレン系植毛材複合シートを張る. ・乾燥養生後に再度,ポリマーセメントモルタルをこて塗り施工し,断熱材を接着固定する. ・断熱材表面にポリマーセメントモルタルをこて塗り施工後,高密度ポリエチレン+ポリプロピレン系植毛材複合シートを張る. ・乾燥養生後,仕上げ用ポリマーセメントモルタルをこて塗り施工する.

壁貫通管周りの防水納まり	・壁貫通管などの特殊納まり部を各箇所に応じた標準納まりにより納める．
設備取付け用アンカー廻り防水納まり	・設備取付け用アンカー廻り部は標準的納まりにより納める．
天井面，壁面　自主検査	・天井面，壁面の自主検査を目視により行う． ・不具合が発見された場合は，適切な補修を行う．
足場解体	・天井面，壁面工事が完了後，足場を解体，撤去する．
床面　防水材・断熱材施工	・ポリマーセメントモルタルをこて塗り施工後，高密度ポリエチレン＋ポリプロピレン系植毛材複合シートを張る． ・乾燥養生後に再度，ポリマーセメントモルタルをこて塗り施工し，断熱材を接着固定する． ・断熱材表面にポリマーセメントモルタルをこて塗り施工後，高密度ポリエチレン＋ポリプロピレン系植毛材複合シートを張る． ・乾燥養生後，仕上げ用ポリマーセメントモルタルをこて塗り施工する．
床面　自主検査	・床面の自主検査を目視により行う． ・不具合が発見された場合は，適切な補修を行う．
完了検査	・完了検査を実施する．

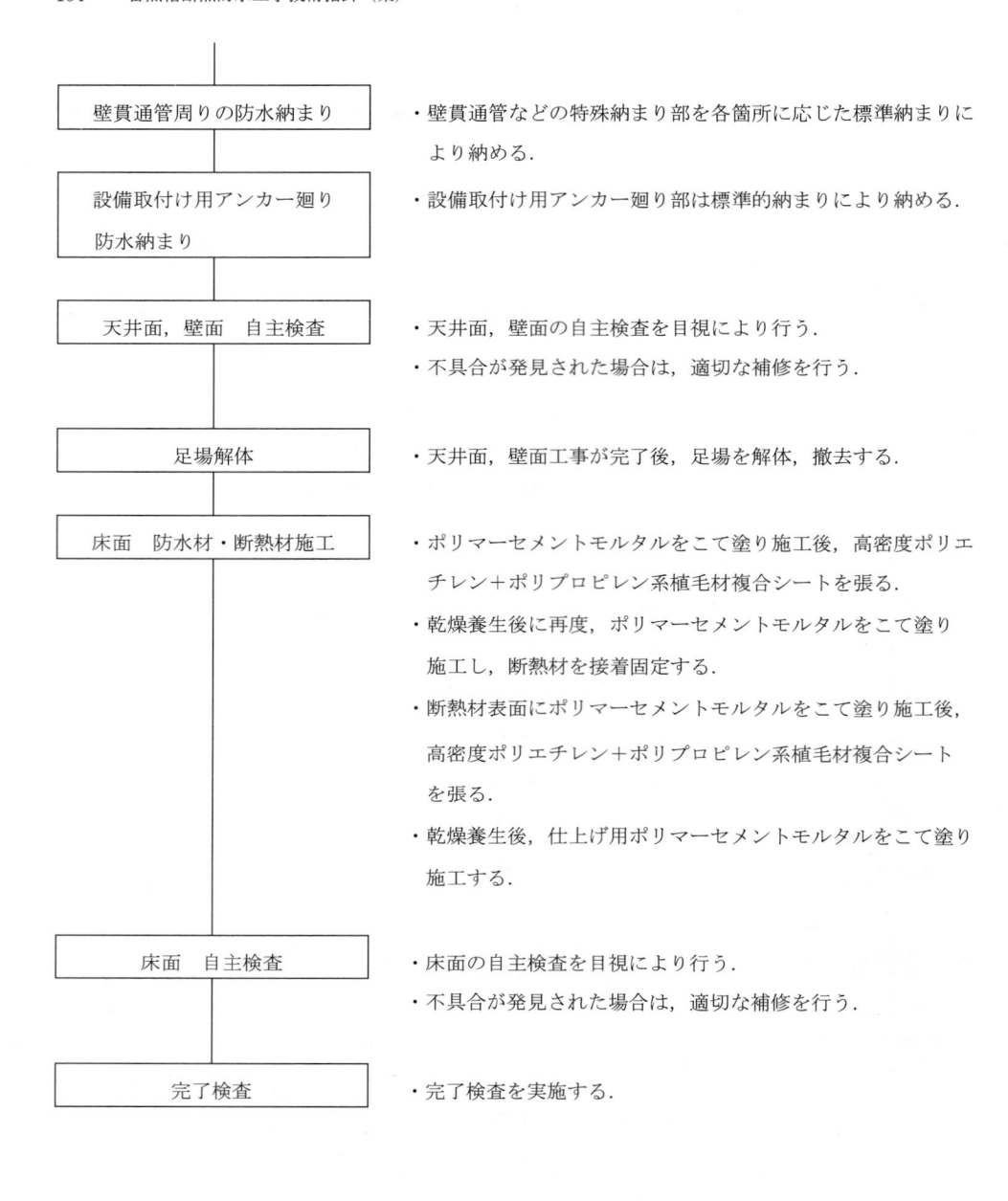

4.6 検査・試験

> a．断熱材や防水材が規定数量以上確実に施工されていることを確認する．
> b．過度のふくれ・ピンホール・防水材の継ぎ目のはがれの無いことを確認する．
> c．防水層の損傷・破断の無いことを確認する．
> d．断熱防水層の水張り試験は必要に応じて行う．

　断熱防水工法ごとに検査方法が異なるため，断熱防水工法の施工要領書の検査方法にしたがって実施する．

　自主検査は，防水工事業者が実施し，必要に応じて施工者が立ち会う．完了検査は，施工者が立ち会い，防水工事業者が実施する．また，必要に応じて監理者が立ち会う．

4.7 施工後の管理

> a．断熱防水工事完了後に蓄熱槽内部に槽付属設備を設置する場合，断熱防水層を破損しないように留意施工する．
> b．湧水槽から蓄熱槽内への湧水の逆流を防ぐため，湧水槽内の水量を一定以下になるように排水する．

　断熱防水層の施工後において，槽設備機器の設置時の不注意や水張り前の蓄熱槽への湧水の浸入などによって断熱防水層に不具合などが発生する可能性がある．それらの中で特に注意する点は以下のとおりである．

　a．断熱防水層が完成した後，蓄熱槽内部に槽付属設備や整流板などを設置する場合がある．その際に溶接作業やアンカー設置，投光器の熱などによって断熱防水層が破損しないように事前に打合せを行うことが必要である．

　b．周囲に湧水槽を設置し，湧水排水機能を付与した断熱防水工法を採用した場合，断熱防水層施工完了後に湧水槽から蓄熱槽内に湧水が逆流することがある．逆流した場合には断熱防水層がふくれたり，破断したりするので，逆流を防止するために，長期休暇中や夜間であっても湧水槽の排水ポンプの電源を確保し，湧水を一定の高さ以上に貯留しないことが重要である．

5章 断熱防水層の維持管理

5.1 点　検

5.1.1 点検の区分

> 蓄熱槽の断熱防水層の点検は，建物管理者が日常業務として行なう日常点検および定期点検と，異常が発生した場合および経年時に行なう臨時点検とに区別する．

　保全とは施設の機能・性能などを使用目的に適合させるために行なうものであり，維持保全と改良保全に大別でき，以下のように分類される．

　本技術指針では，要求される機能・性能が向上した場合に行なわれる改良保全は除き，維持保全を点検と修繕に分けて述べている．

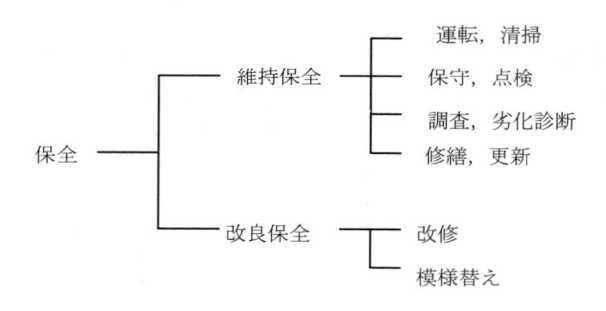

```
              ┌─ 維持保全 ─┬─ 運転，清掃
              │            ├─ 保守，点検
保全 ─┤            ├─ 調査，劣化診断
              │            └─ 修繕，更新
              └─ 改良保全 ─┬─ 改修
                           └─ 模様替え
```

解説図 5.1.1　保全の分類[1]

　蓄熱槽を有する建物には，通常その建物専従の維持管理者が常駐している．維持管理者はその業務の内容として蓄熱槽の管理も担当しており，蓄熱槽が正常に機能しているか否か点検している．日常業務において点検可能な事項を日常点検および定期点検と称し，日常点検や定期点検以外に異常が発生した場合および経年時に臨時に行なう点検を臨時点検と称することとした．

(1)　日常点検

　　日常点検の項目は，建物維持管理者が日常蓄熱槽を運転するにあたり点検できる項目であり，特別な機器を必要とせず目視で点検可能なものである．したがって蓄熱槽外に現れる異常があるか否かを主体とし，一部マンホールを開けて点検する項目が含まれるものである．

(2)　定期点検

　　定期点検の項目は，年に1～2回程度点検する項目である．

(3) 臨時点検

　臨時点検は，日常点検および定期点検において異常が現れた場合に行なわれるものであり，蓄熱槽の断熱防水層にかかわる異常の場合には水替えを行なって原因を調査しなければならない．また異常が現れていない場合でも，ある程度の運転期間を経た時点で水替えを行なって断熱防水層の状態を点検することが必要である．

5.1.2 日常点検および定期点検

　建物管理者が日常業務として行なう日常点検および定期点検は，水槽の水抜きを行なわない点検とし，その点検項目は表5.1.1を標準とする．

表5.1.1　日常点検および定期点検項目

	点検項目	点検内容	点検の種類	点検の頻度
槽外	熱源機器の運転時間	異常な電力消費量の有無	日常点検	1回/週〜月
	補給水量	異常な補給水量の有無		
	結露	水槽上部スラブ・壁等の結露の有無		
	湧水槽の水位	異常な湧水の水位の有無		
	湧水排水管	閉塞の有無		
	付属設備	漏水の有無，湧水排水ポンプの異常の有無		
槽内	水位	各水槽間の異常な水位差の有無		
	水温	異常な水温の有無		
	水流	各水槽間の異常な水流の有無		
	水中の異物	水槽内の浮遊物・濁り・異臭・藻の有無		
	水質	異常な水質の変化	定期点検	2回程度/年
	断熱材・防水材	断熱材・防水材の損傷の有無		2回程度/年

　日常点検および定期点検で行なわれる点検項目・点検内容および点検頻度は，表5.1.1に示すとおりである．不具合発生の場合の推定原因を解説表5.1.1に示す．

(1) 熱源機器の運転時間

　当初設定された熱源機器の運転時間を大幅に超過した場合にはなんらかの異常が発生したと考えられる．原因を調べるためには臨時点検が必要となる．

(2) 補給水量

　日常点検および定期点検において補給水量に異常がないか点検を行なう．異常が認められた

場合には，漏水箇所および湧水流入箇所を調査する．

　補給水は正常に運転されている場合にはほとんど必要とされないものであるが，大規模の蓄熱槽でも1日当たりトン単位の補給水を必要とする場合にはなんらかの異常が発生したと考えられる．この場合には水温または燃料消費量にも同時に異常が現れることが多く，漏水が原因の場合が多い．

　また，補給水がないのに蓄熱槽の水位が上昇する場合には，地下からの湧水の混入が考えられる．湧水は空調設備や配管の腐食を促進することがある．

　なお，水を補給する場合には，ボールタップによる自動給水装置を使用しないで，給水量を把握するための量水器を取り付けた上で，手動で補給することが原則となっている[2]．

　これは，補給水が多いと，熱が失われることおよび補給水に含まれる溶存酸素の影響により配管が腐食しやすくなることなどの理由により，補給水量を管理することが重要であるためである．

(3) 結露

　結露には，蓄熱槽に隣接する部屋や槽での結露と断熱防水層の内部結露がある．

　これらの結露の原因は多岐にわたる．結露を生じた部屋の温湿度状況および換気状況が当初の設計条件と異なっている場合や断熱設計そのものに起因する場合，断熱防水工事に起因する場合，断熱材の性能低下に起因する場合などがある．点検に際しては，結露が発生した箇所の環境条件を把握するとともに，発生状況を詳しく調べて発生原因を特定することが重要である．冷水槽の上に更衣室が配置された建物で，更衣室に設置されたロッカーの下に結露した例がある．これはロッカーの設置によりロッカー下部の床面の温度が局所的に低下して露点温度以下になったために生じた結露である．使用状況が設計時に想定した状況と異なっていた事例である．

　断熱防水層に内部結露を生じると，結露水によって断熱材が吸水して断熱性能が低下したり，結露水の圧力で断熱防水層が損傷したりする．マンホールを開けて槽内を観察し，断熱防水層に異常がないか点検する．

　解説図5.1.2に冷水槽でスラブの防水層の裏側で断熱材の内部結露を生じるメカニズムを示す．冷水槽では，気温が高い槽外から気温が低い槽内に向かって水蒸気が流れる．その際，透湿抵抗が大きい防水層がスラブ下に設置されていると防水層の裏側で水蒸気が冷却され結露する．この結露水が防水層の裏側に溜まって防水層の膨れを生じることがある．日常点検および定期点検で早期に不具合を発見することが肝要である．

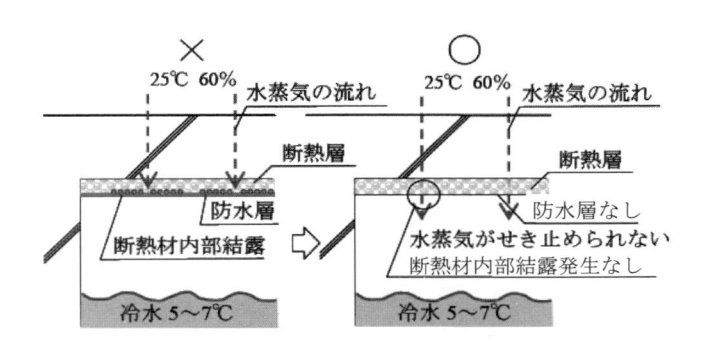

解説図 5.1.2　断熱防水層の内部結露のメカニズム [3)]

(4) 湧水槽の水位

　蓄熱槽が地下水位より低い場所に設置されている場合には，湧水槽には建物周囲から常時ある程度の湧水が流入している．蓄熱槽の周囲に湧水槽が配置され連通管で連結された蓄熱槽では，蓄熱槽の防水層に異常が発生し漏水すると，建物外部からの湧水に加えて，蓄熱槽の貯留水が湧水槽に流入する．湧水槽の水位が高い場合や水流が異常に多い場合は，湧水以外に蓄熱槽からの漏水が湧水槽に流入している可能性が考えられる．

(5) 湧水排水管

　蓄熱槽の湧水排水管は，蓄熱槽周囲から浸入する湧水を排水するためのものである．一般的には，蓄熱槽の界壁や隔壁の下部に半割した塩化ビニル管を埋め込むことが多い．この湧水排水管は，エフロレッセンスの蓄積により閉塞することがある．湧水排水管が閉塞すると，蓄熱槽の断熱防水層と躯体コンクリートの間に湧水が溜まり，断熱防水層を裏側から押すことになる．断熱防水層の裏側に湧水が溜まっている状態で，蓄熱槽内の水を抜くなど内圧を下げると，湧水の圧力で断熱防水層が破損するおそれがある．日常点検および定期点検で，湧水槽に入って湧水排水管が閉塞していないか点検することが重要である．

(6) 付属設備

　付属設備としては，蓄熱槽の運転に直接かかわる設備（蓄熱槽設備）と蓄熱槽の周辺に設置された設備などがある．

　蓄熱槽設備では，設備配管の継手や設備配管が蓄熱槽の断熱防水層を貫通する部分から水漏れを生じていることがあり，特に保温した配管ではその発見が遅れがちとなり影響も大きいので注意が必要である．

　蓄熱槽の周辺に設置された設備としては，周辺に位置された湧水槽の湧水排水ポンプの点検が重要である．湧水排水ポンプの異常の有無の点検には，(i)湧水排水ポンプの稼働状況の点検と，(ii)湧水排水ポンプの故障の有無の点検がある．

(i) 湧水排水ポンプの稼働状況の点検

　湧水排水ポンプは，釜場にある程度の水が溜まるとスイッチが入り排水する仕様になって

いるものが多い．そのため，湧水排水ポンプの稼働状況を確認すると排水している水の量を推定することができる．湧水排水ポンプの稼働が異常に多い場合は，湧水だけでなく蓄熱槽から漏水している可能性がある．日常点検で湧水排水ポンプの稼働状況を点検し，排水量の確認を行う．

(ii) 湧水排水ポンプの故障の有無の点検

湧水槽のポンプの故障等により湧水の水位が高くなると，蓄熱槽の断熱防水層に背面水圧が作用し，断熱防水層を背面から押す形になる．蓄熱槽内に水が貯留された状態で背面水圧より貯留水圧が大きい場合は，断熱防水層の損傷にはつながらないが，貯留水の水抜きを行う場合や湧水槽の水頭が貯留水の水頭を上回る場合など蓄熱槽外側の水圧が高くなると，断熱防水層の損傷につながる．豪雨などで急に湧水量が増加する場合があるので，日常点検で湧水ポンプが正常に稼働し，湧水槽の水位が所定の範囲に収まっていることを確認することが重要である．

(7) 水位

正常に運転されている蓄熱槽間の水位差は数cm以内であり，それ以上の水位差を生じている場合には異常が発生していると考えられる．また水槽によっては天井を防水しない場合もあり，水位が天井近くまで上がると水槽壁面に施した断熱防水層の上端部から裏側に水が浸入することがあり，注意が必要である．通常天井面より200mm以上下がったレベルを最高水位としている．また，前述したとおり補給水量水位の変化を総合的に判断して水位が異常に低下する場合や水位が上昇する場合は，断熱防水層に異常があると判断できる．

(8) 水温

槽内水温分布の点検は蓄熱槽にとって重要な項目である．蓄熱槽の二次側への汲み上げ槽（冷水槽の場合は低温槽）と二次側からの戻り槽（冷水槽の場合は高温槽）の水温だけでなく，中間槽の水温変化を確認することにより，蓄放熱が効率的に行なわれているか判断できる．

(9) 水流

蓄熱槽間に設けられる連通管を通過する水の流速は0.1〜0.3m/sec程度とされており，これ以上の流速の場合やほとんど水流が生じていない場合には，異常が生じていると考えられる．

(10) 水中の異物

水槽内には，防腐剤・殺藻剤・スケール防止剤等が添加されるが，水質の悪い地下水を使用している場合には藻が発生し，ときには多量発生により異臭を生じることがある．また，蓄熱槽上部の床防水が不完全で駐車場および機械室の床排水が蓄熱槽内に流入していた例や隣接する水槽の貯留水が蓄熱槽に流入している例などが報告されており注意が必要である．特に，汚水槽や厨房排水除害施設などの水槽は有機物が多量に含まれているため，これらの水槽から蓄熱槽への漏水は注意しなければならない．

(11) 水質

水道水を使用し，適切な防腐剤・防藻剤・スケール防止剤等が使用されていれば水質上の問

題は少ないが，地下水を使用する場合は水質検査を行なうことが必要である．特に硬水系ではスケールの付着・pH値・鉄分等の項目には注意を要する．参考として日本冷凍空調工業会（JRA）の冷凍空調用冷却水の水質および補給水の基準値を解説表5.1.2に示す．

なお，経済産業省資源エネルギー庁による現状調査[4]では，庁舎建物や地域熱供給施設の水蓄熱槽は，地域防災の観点から自立分散型拠点の給水施設としての利用が進んできている．特に阪神大震災での経験から，災害時の消火用水や生活雑用水等としての利用が計画される場合があるので，蓄熱槽以外の用途で求められる水質についても配慮する必要がある．

水質に起因する障害には次のものがある[5]．

(i) 腐食障害

　循環水の水質（pH，溶存塩類，溶存酸素など），温度，流速などが配管や機器類の腐食に影響を及ぼす．

(ii) スケール障害

　循環水に含まれるイオンが水質の変化に伴い飽和状態になって配管面に析出沈着して，循環水の流れを阻害するのがスケール障害である．水中から析出する物質としては，カルシウム塩やシリカがある．

(iii) スライム障害

　水中でバクテリアや藻が繁殖し，それらから放出される粘性物質が配管や機器に付着して循環水の流れを阻害するのがスライム障害である．

(iv) スラッジ障害

　配管類の腐食生成物や水中で析出したイオンあるいは地下水に混入していた泥分などの沈殿物による障害がスラッジ障害である．

(12) 断熱材・防水材

　水蓄熱槽では，常時水位が変化している．水位が防水範囲を超えて高くなると，防水材の裏面に水が回り，断熱材・防水材を損傷することがある．また，小梁が水槽上部に配置された蓄熱槽で，小梁に通気管が設置されていない場合では，水位が小梁底を超えて上がったあとに急激に下がる場合に，小梁で囲まれた空間が負圧になり，断熱材と防水材を損傷する場合がある．日常点検や定期点検でマンホールを開けて水位を点検するとともに，断熱材・防水材の損傷の有無を点検する．

　氷蓄熱槽では，氷が槽内の断熱材・防水材などに付着し，時には大きな塊となることがある．これらの氷が断熱材・防水材を損傷することがあるので，氷の付着状況および断熱材・防水材の状況を点検する．

(13) ブライン濃度

　氷蓄熱槽ではブラインの濃度の管理が重要となる．適切なブライン濃度は，メーカーの指定した管理値とする．ブラインは濃度が高いと凍結しにくいが，粘度が高くなり配管の圧力が高くなるため圧送エネルギーがより多く必要になる．一方，濃度が低くなると凍結やバクテリア

発生などによるトラブルが生じやすくなる[6]．またブラインに混入されている防錆剤は，徐々に劣化し防錆性能が低下する．そのため，適切な補充を行い，適正な濃度を維持することが重要である．

解説表 5.1.1　不具合が発生した場合の推定原因

区分	点検項目	点検内容	不具合発生の場合の推定原因
槽外	熱源機器の運転時間	異常な電力消費量の有無	① 防水層損傷による水槽内水と地下水との混合 ② 断熱材の吸水による断熱効率の低下 ③ 断熱防水層の脱落
	補給水量	異常な補給水量の有無	① 防水層損傷による漏水 ② 配管系の漏水
	結露	水槽上部スラブ・壁等の結露の有無	① 温度環境の変化 ② 断熱設計のミス ③ 断熱材の性能劣化 ④ 断熱材の脱落
	湧水槽の水位	異常な湧水の水位の有無	① 防水層損傷による漏水 ② 配管系の漏水 ③ 湧水排水ポンプの異常
	湧水排水管	閉塞の有無	エフロレッセンス等異物による閉塞
	付属設備	漏水の有無，湧水排水ポンプの異常の有無	① 配管系の漏水 ② 断熱防水層配管貫通部の漏水 ③ 湧水ポンプの故障 ④ 湧水ポンプ電源の管理不良
槽内	水位	各水槽間の異常な水位差の有無	① 連通管のつまり・損傷 ② 過大な給水 ③ 防水層損傷による漏水 ④ 隣接水槽からの漏水
	水温	異常な水温の有無	① 防水層損傷による水槽内水と地下水との混合 ② 断熱材の吸水による断熱効率の低下 ③ 断熱防水層の脱落
	水流	各水槽間の異常な水流の有無	連通管のつまり
	水中の異物	水槽内の浮遊物・濁り・異臭・藻の有無	① バクテリア・藻の異常発生 ② 地下水・他水槽水の浸入 ③ 供給水の水質不良 ④ 隣接水槽からの漏水
	水質	異常な水質の変化（分析項目は解説表5.1.2）	① 防水層損傷による水槽内水と地下水との混合 ② 隣接水槽からの漏水
	断熱材・防水材	断熱材・防水材の損傷の有無	① 水蓄熱におけるオーバーフロー ② 氷蓄熱における結氷
配管	ブラインの濃度	異常なブラインの濃度の有無	① 装置内の汚染 ② 配管の損傷

解説表 5.1.2 冷凍空調機用冷却水水質基準[7]

	項　目	冷却水系 循環式 循環水	冷却水系 循環式 補給水	冷却水系 一過式	冷水系 循環水 (20℃以下)	冷水系 補給水	温水系 低位中温水系 循環水 (20〜60℃)	温水系 低位中温水系 補給水	温水系 高位中温水系 循環水 (60〜90℃)	温水系 高位中温水系 補給水	傾向 腐蝕	傾向 スケール生成
基準値項目	pH(25.0℃)	6.5〜8.2	6.0〜8.0	6.8〜8.0	6.8〜8.0	6.8〜8.0	7.0〜8.0	7.0〜8.0	7.0〜8.0	7.0〜8.0	○	○
	電気伝導率(mS/m)	80以下	30以下	40以下	40以下	30以下	30以下	30以下	30以下	30以下	○	○
	塩化物イオン(mgCl$^-$/l)	200以下	50以下	50以下	50以下	50以下	50以下	50以下	30以下	30以下	○	
	硫酸イオン(mgSO$_4^{2-}$/l)	200以下	50以下	50以下	50以下	50以下	50以下	50以下	30以下	30以下	○	
	酸消費量(pH4.8)(mgCaCO$_3$/l)	100以下	50以下	50以下	50以下	50以下	50以下	50以下	50以下	50以下		○
	全硬度(mgCaCO$_3$/l)	200以下	70以下	70以下	70以下	70以下	70以下	70以下	70以下	70以下		○
	カルシウム硬度(mgCaCO$_3$/l)	150以下	50以下	50以下	50以下	50以下	50以下	50以下	50以下	50以下		○
	イオン状シリカ(mgSiO$_2$/l)	50以下	30以下	30以下	30以下	30以下	30以下	30以下	30以下	30以下		○
参考項目	鉄(mgFe/l)	1.0以下	0.3以下	1.0以下	1.0以下	0.3以下	1.0以下	0.3以下	1.0以下	0.3以下	○	○
	銅(mgCu/l)	0.3以下	0.1以下	1.0以下	1.0以下	0.1以下	1.0以下	0.1以下	1.0以下	0.1以下	○	
	硫化物イオン(mgS^{2-}/l)	検出されないこと	検出されないこと	検出されないこと	検出されないこと	検出されないこと	検出されないこと	検出されないこと	検出されないこと	検出されないこと	○	
	アンモニウムイオン(mgNH$_4^+$/l)	1.0以下	0.1以下	1.0以下	1.0以下	0.1以下	0.3以下	0.1以下	0.1以下	0.1以下	○	
	残留塩素(mgCl/l)	0.3以下	0.3以下	0.3以下	0.3以下	0.3以下	0.25以下	0.3以下	0.1以下	0.3以下	○	
	遊離炭酸(mgCO$_2$/l)	4.0以下	4.0以下	4.0以下	4.0以下	4.0以下	0.4以下	4.0以下	0.4以下	4.0以下	○	
	安定度指数	6.0〜7.0	—	—	—	—	—	—	—	—	○	○

注1：項目の名称とその用語の定義及び単位はJIS K 0101による．
注2：欄内の○印は腐食又はスケール生成傾向に関する因子であることを示す．
注3：温度が高い場合（40℃以上）には一般的に腐食性が著しく，特に鉄鋼材料が何の保護被膜もなしに水と直接触れるようになっているときは防食薬剤の添加，脱気処理など有効な防食対策を施すことが望ましい．
注4：密閉冷却塔を使用する冷却水系において，閉回路循環水及びその補給水は温水系の，散布水及びその補給水は循環式冷却水系の，それぞれの水質基準による．
注5：供給・補給される源水は，水道水（上水），工業用水及び地下水とし，純水，中水，軟水処理水などは除く．
注6：上記15項目は腐食及びスケール障害の代表的な因子を示したものである．

5.1.3 臨時点検

日常点検および定期点検で異常が発見された場合や経年時に行なう臨時点検は，水槽の水抜きを行なう点検とし，その点検項目は，表5.1.2を標準とする．

表5.1.2 臨時点検項目

点検項目	点検内容	点検頻度
防水層	防水層の損傷の有無 防水層の膨れの有無 防水層の継目の剥離の有無	日常点検および定期点検で異常が発見されたときおよび経年時
断熱材	断熱材の吸水の有無 断熱材の膨潤の有無 断熱材の脱落の有無 断熱材の剥離の有無 断熱材の変形の有無 断熱材固定金具の異常の有無	
水質	水質	
槽内付属物	取り合いの不具合の有無 腐食の有無 詰まりの有無 断熱防水層との取合い部の異常の有無	

　臨時点検は，日常点検および定期点検で異常が発見された場合および経年での劣化状況を点検するために臨時に槽内の検査を行うものである．臨時点検は，春期および秋期の蓄熱槽運転を停止しても建物にあまり支障を生じない時期を利用して行なわれるのが通例である．

　臨時点検に際しては，あらかじめ蓄熱槽管理者と協議して，蓄熱槽の水を抜く前に蓄熱槽の周辺に配置された湧水槽に水が溜まっていない状態にすることが重要である．湧水槽に水が溜まっている状態で蓄熱水槽内の水を抜くと，背面水圧により蓄熱槽の断熱防水層を損傷することがあるので注意する．また，蓄熱槽の貯留水を排水することにより周囲の水槽や空ピットの水位が高くなる場合がある．水抜き時の水の移動や一時的な貯留箇所など事前に確認し，湧水ポンプなど排水設備の能力を確認して蓄熱槽に影響を及ぼさないようにする．

　点検項目・点検内容および点検頻度は表5.1.2に示すとおりであり，不具合発生の場合の推定原因を解説表5.1.3に示す．

解説表 5.1.3 点検項目と不具合推定原因

点検項目	点検内容	不具合発生の場合の推定原因
防水層	防水層の損傷の有無 防水層の膨れの有無 防水層継目の剥離の有無	① 施工時のミス ② 後工事による損傷 ③ 防水層の経年劣化 ④ 防水層継目の劣化 ⑤ 地下水の浸入 ⑥ 隣接水槽からの漏水 ⑦ 背面水圧の作用 ⑧ 水圧による断熱材の変形
断熱材	断熱材の吸水の有無 断熱材の膨潤の有無 断熱材の脱落の有無 断熱材の剥離の有無 断熱材の変形の有無 断熱材固定金具の異常の有無	① 防水層の不具合 ② 地下水の浸入 ③ 槽内水温の異常な上昇 ④ 隣接水槽からの漏水 ⑤ 背面水圧の作用 ⑥ 断熱材の経年劣化
水質	水質	① バクテリア・藻の異常発生 ② 地下水の浸入 ③ 供給水の水質不良
槽内付属物	取り合いの不具合の有無 腐食の有無 詰まりの有無	① 使用材質不良・劣化 ② 防錆処理不良・劣化

(1) 防水層

防水層の不具合の発生原因としては，躯体工事の不具合に起因するもの，施工管理に起因するもの，断熱防水工事完了後の後工事に起因するもの，断熱防水工事および後工事完了後の養生期間中の外的要因によるもの，運転中の外的要因によるものおよび経年劣化によるものが考えられる．

蓄熱槽の運転開始早々からの漏水などにより臨時点検を行う必要が生じることがないよう，各工事区分ごとの検査が重要である．

蓄熱槽は，躯体工事，断熱防水工事，設備工事など複数の専門工事業者が異なる時期に工事を行うので，それぞれの工事区分ごとに検査を行い，後工程に進むようにする．例えば，躯体から漏水がある場合やスラブに水が溜まる場合にそのまま断熱防水を行うと，断熱防水層の裏に水が溜まりやすく，不具合が生じやすい．まず，躯体工事が完了し，蓄熱槽の断熱防水工事に入る前に躯体から漏水がないことおよびスラブの段差や水が溜まるような凹凸がないことを確認してから，断熱防水工事を行うことが肝要である．

次に，断熱防水工事完了後，探傷検査や水張り検査またはこれに準じる検査を行なって問題ないことを確認してから設備工事に移行するようにする．更に設備工事など関連工事が完了した後，再度探傷検査や水張り検査またはこれに準じる検査を行なって問題ないことを確認して

から運転用の給水を行なうことが大切である．

　なお，水張り点検に際しては，一度に満水にしてから観察するのではなく，ある程度の高さまで水位を高くしたのちに一旦給水を止めて放置して水位の低下の有無を確認し，水位の変化がなければ再度水位をあげて観察するという具合に，段階的に水位を高くして観察する方法を採用するとよい．漏水の原因となる欠陥部の高さを推定することができ好都合である．

　また，断熱防水工事および関連工事が完了した後，運転するまでの養生期間中の外的要因としては，湧水槽などからの地下水による背面水圧などがある．これらの地下水による背面水圧が作用しないように，排水路を確保するとともに常に湧水をポンプアップするなどの管理が重要である．これらの工事区分ごとに検査を行ってから運転するというステップを踏むことにより，その後に発生した不具合の原因は運転中の外的要因または経年劣化に限定されることになり，対策が講じやすくなる．また，不具合の発生頻度も非常に少なくすることができる．

　断熱防水層に不具合を生じさせる運転中の外的要因としては，地下水の槽内浸入，槽天井からの漏水，および槽内水位を上げすぎたことによる防水端末からの水の回り込み等があげられる．このうち地下水の槽内浸入を完全に止めることは難しく，とりわけ地下水位の高い場合は困難である．

　また，隣接して防火水槽など水位が高い水槽があると，隣接槽からの漏水が蓄熱槽の断熱防水層に背面水圧として作用することになる．このような場合には，蓄熱槽の外周に湧水槽を配置して，直接地下水や隣接水槽の水圧が作用しないようにする配置計画と，断熱防水層の裏に排水機構を設けて背面水が溜まらないように管理することが必要となる．

　防水層の経年劣化としては，水温の影響，氷蓄熱の場合の凍結の影響，後述する断熱材の変形などに起因するものがある．断熱材の変形が防水材の許容変形量を超えることや，局所的に変形することにより防水層が損傷する．

　解説写真5.1.1に臨時点検時に発見された防水層の損傷の例を示す．背面水によりシート系防水材が大きく剥がれていた事例である．

解説写真 5.1.1　背面水により防水材が剥がれた例 [8]

解説図 5.1.3～5.1.4 に断熱材のクリープ変形に伴う防水材の損傷の事例を模式的に示す．解説図 5.1.3 はビス頭が突出した事例，解説図 5.1.4 は断熱材の変形により貫通管周りおよび床と壁の入隅部の防水材が局所的に伸び損傷した事例である．断熱材の圧縮変形量は，水圧が高い場合および水温が高い場合に大きくなるので，水槽のタイプに応じて点検の重点管理項目を決めるとよい．

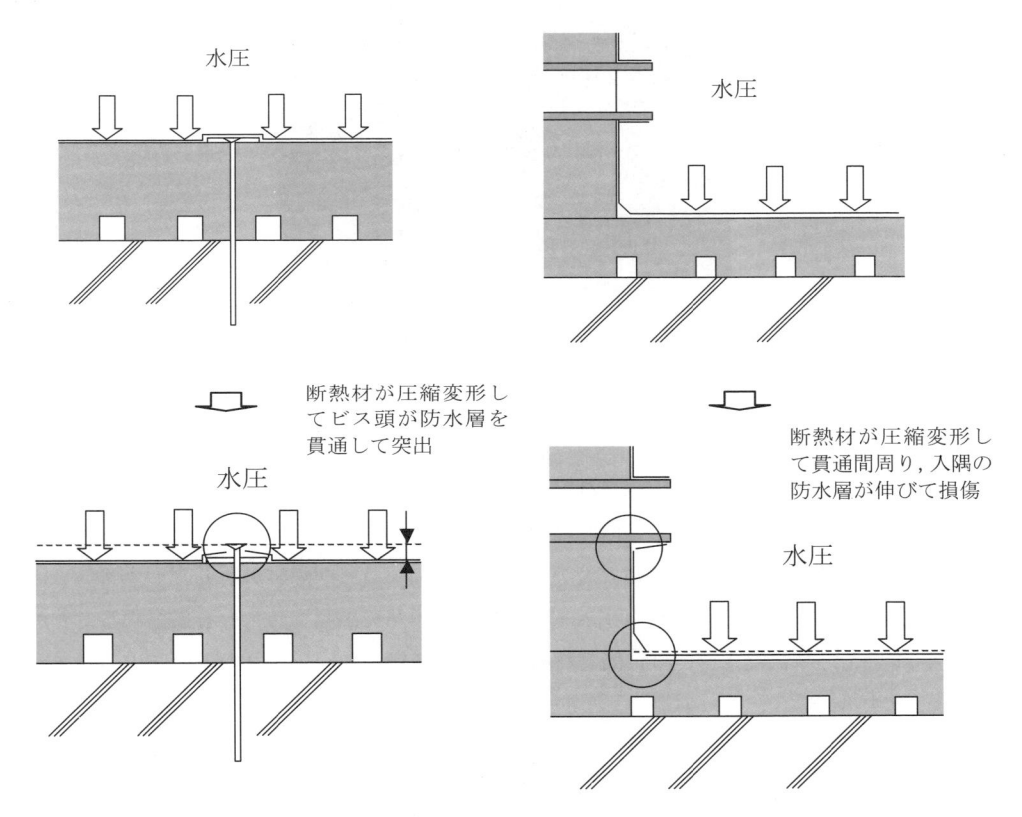

解説図 5.1.3 断熱材のクリープ変形に伴うビス頭部防水材損傷の例

解説図 5.1.4 断熱材の変形に伴う貫通管周り・入隅部の防水材損傷の例

(2) 断熱材

　断熱材に関連する不具合の現象としては，吸水・膨潤・脱落・剥離・変形・固定金具の異常等があり，その原因は防水層からの漏水および躯体からの漏水，長時間にわたる水圧の作用などがある．特に高温水槽の場合，蓄熱水槽内の漏水は断熱材の温度劣化を生じやすい．ウレタン系断熱材の吸水膨潤はポリスチレン系断熱材より大きいので配慮が必要である．

　ボイラー加熱方式またソーラー加熱方式の場合，加熱水が所定温度以上になりやすく断熱材の変形を生じることがある．ポリスチレン系断熱材・ウレタン系断熱材とも使用温度の上限は 70℃程度であり，それ以上の温度に長時間接すると熱変形を起こす．

解説写真5.1.2に臨時点検時に発見された断熱材の膨潤の例を示す．温水槽で，吹付け硬質ウレタンフォーム断熱材が膨潤し，防水層および断熱材に大きなクラックが発生した事例である．

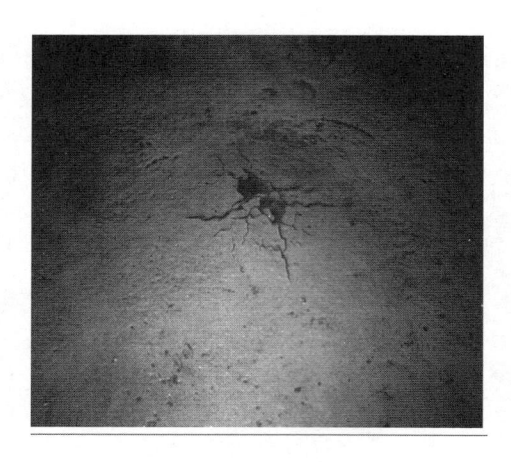

解説写真5.1.2　断熱材の膨潤の例　[8]

　断熱材は，下地に接着剤で固定されているもの，固定金具で固定されているもの，断熱材自体の接着力で固定されているもの，あるいはこれらが併用されて固定されているものなどがある．最近の蓄熱槽では水深が深いものがある．水圧によって断熱材が圧縮変形することによって，断熱材を固定している金具のビス・アンカーの頭が突出して防水層を損傷することが報告[5]されている．特に温水槽では，断熱材のクリープ変形を伴い，ビスなどの突出が起きやすいので注意する．

　解説図5.1.5に押出法ポリスチレンフォームの雰囲気温度と圧縮強さの関係を示す．

　雰囲気温度が40℃程度までは圧縮強さはほぼ一定であるが，40℃を超えると圧縮強さが低下する．解説図5.1.6に押出法ポリスチレンフォームの23℃環境における圧縮クリープを示す．断熱材に作用する水圧が$10N/cm^2$の場合と$15N/cm^2$の場合を示したものであるが，前者は100日経過した後はほぼ歪は約1.7％程度で一定になるが，後者では600日経過した時点でも歪が増大し，3％を超えている．大きな水圧が作用する蓄熱槽では，これらの歪の増大を考慮した点検が必要である．

注）図中の数値は，断熱材に作用する圧縮応力

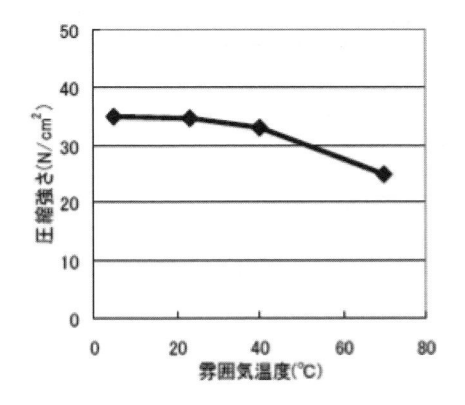

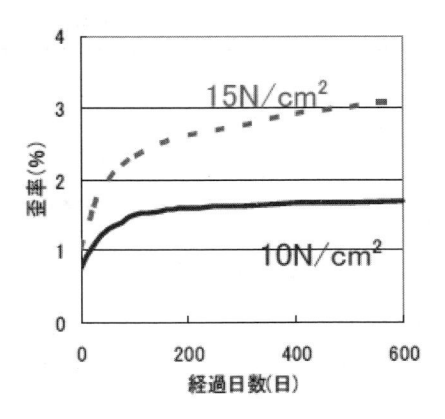

解説図 5.1.5　押出法ポリスチレンフォームの雰囲気温度と圧縮強さの関係　[9]

解説図 5.1.6　押出法ポリスチレンフォームの圧縮クリープ特性（23℃）　[9]

(3) 水質

定期点検と同様に，問題が発生して臨時点検を行なう場合には，水質検査を行う．検査項目は，定期点検と同様である．

(4) 槽内付属物

槽内付属物のうち，配管・整流板・水門等は腐食するとその機能が損なわれるので，腐食しない材質のものが使用されていなければならない．またそれらにスケールが付着している場合には，臨時点検の際によく清掃することが必要である．

5.2 修　繕

> a．修繕の区分
> 　断熱防水層の修繕は，水槽内の水抜きを伴わない槽外修繕と，水槽内の水抜きを伴う槽内修繕とに区分する．
> b．修繕方法
> 　断熱防水層の修繕方法は，建物管理者・施工者・設計監理者等関係者の協議により立案する．
> c．保全計画
> 　断熱防水層の保全計画は，日常点検および定期的点検を行なうことを前提として作成する．

a．修繕の区分

断熱防水層の修繕は点検と同様に，槽の水抜きを伴わない槽外修繕と，槽の水抜きを伴う槽内修繕とに区分し，それぞれの修繕内容を解説表 5.2.1 に示す．

解説表 5.2.1　断熱防水層の修繕

区　　分	不具合項目	修繕内容
槽外修繕	異常な水温	熱源機器の調整・修繕
	結露	結露した部屋の換気・温湿度調整
	槽付属設備の不具合	槽付属設備の修繕
槽内修繕	断熱防水層の不具合	b項に基づく修繕

b．修繕方法

　臨時点検の結果なんらかの修繕を必要とする場合は，設計者・施工者・防水工事業者および建物管理者等の関係者が協議し，修繕計画を立案して実施することが必要である．

c．保全計画

　蓄熱槽の断熱防水層は，常時水圧が作用するという環境にあり，水温・水圧とも使用条件が非常に厳しく断熱材・防水材にとっては過酷な条件である．使用される断熱材・防水材の多くは有機系であり経年劣化を伴うものであるが，断熱防水層の耐久性に関する資料も乏しく，水槽の使用条件・工法に対応した耐用年数を設定することは困難である．しかしながら最近の研究によれば押出法ポリスチレンフォームを断熱材として用い，防水材として塩化ビニル樹脂系シートを使用した蓄熱槽（冷水槽）で約28年経過したあとでも断熱材や防水材に膨らみやしわ，水圧による凹みなどが見られたものの断熱防水機能を維持できるレベルであったという報告例[10]が見られる．

【参考文献】

1) 日本建築学会　建築物の耐久計画に関する考え方　1988
2) 蓄熱サポートコンソーシアム監修　蓄熱式空調システム　ワンポイントアドバイス【水蓄熱式空調システム】　2005.3
3) 長谷川完　他　蓄熱槽断熱防水工法に関する調査研究　日本建築学会大会学術講演梗概集　2011.8
4) 経済産業省資源エネルギー庁　地域熱供給事業の現状　2011.5
5) 蜂須賀瞬治　蓄熱槽の断熱・防水施工と水質管理　空気調和・衛生工学　第56巻第6号 1982.6
6) 蓄熱サポートコンソーシアム監修　蓄熱式空調システム　ワンポイントアドバイス【氷蓄熱式空調システム】　2005.3
7) 日本冷凍空調工業会　日本冷凍空調工業会標準規格　JRA-GL-02-1994
8) 佐々木晴夫　ピットを利用した水槽類の防水・断熱仕様　設備と管理　2003.9
9) 石田陸夫　他　蓄熱槽に用いる断熱材の耐圧性能について　日本建築学会大会学術講演梗概集　2011.8
10) 数矢彰　他　高深度蓄熱槽断熱防水の経年劣化調査について　日本建築学会大会学術講演梗概集　2011.8

付録関連文献

目　　次

付1. 佐野拓一・荒井剛・堀長生：蓄熱槽断熱防水の経年劣化調査について，日本建築学会大会学術講演梗概集（北陸），材料施工 1127,pp287-288,2002年8月

付2. 長谷川完・佐々木晴夫・堀江一志・石田陸夫・数矢彰：蓄熱槽断熱防水工法に関する調査研究，日本建築学会大会学術講演梗概集（関東），材料施工 1034,pp67-68,2011年8月

付3. 石田陸夫・佐々木晴夫・堀江一志：蓄熱槽に用いる断熱材の耐圧性能について，日本建築学会大会学術講演梗概集（関東），材料施工 1035,pp69-70,2011年8月

付4. 数矢彰・堀長生・小川晴果・三谷一房・奥田章子・水上卓也・高橋誠治：高深度蓄熱槽断熱防水の経年劣化調査について，日本建築学会大会学術講演梗概集（関東），材料施工 1036,pp71-72,2011年8月

蓄熱槽断熱防水の経年劣化調査について

蓄熱槽、 防水材料・工法、 経年調査

正会員 ○佐野 拓一*1　　荒井 剛*1
正会員 　堀 長生*2

1. はじめに

地下構造体を利用した蓄熱槽の断熱水槽防水は、これまでエポキシやウレタン樹脂系塗膜、塩化ビニル樹脂シート等の防水材と、現場発泡ウレタンやポリスチレンフォーム成型板を用いて施工されており、工法としては大きく3種類の工法に分けて考えられる。

断熱材、防水材とも固定金物と固定釘を用いて躯体に固定していく機械的固定工法と、現場吹き付けや接着剤により躯体に密着させた断熱材の上から塗膜防水を行う密着工法、前述の両者を併用(機械的に固定された断熱材の上から塗膜防水を施工)した工法がそれにあたる。

その中で、今回は塩化ビニル樹脂シートを用いた機械的固定工法において約18年前に施工された高深度型蓄熱槽の経年調査結果について報告する。

2. 経年調査の目的

蓄熱槽に限らず、経年調査は既存システムの問題点把握や改良・改善、耐久性の把握を目的として行われるのが常である。

しかし、蓄熱槽は屋上などと異なり一旦運転を開始すると何らかの不具合や定期清掃等が無い限り、容易に点検・調査が行えず経年後の状態が把握しにくいのが現状である。

また、近年では一つの蓄熱槽にて近隣する建築物の空調を担う地域冷暖房施設の増加により蓄熱槽の大容量化が進み、経年調査はより困難となっている為、少ない機会を生かしたデータの蓄積が望まれる。

3. 経年調査

3-1. 物件概要

調査は、経年約18年の冷温繰り返し槽にて行った(表1)。
物件に使用されている材料は、(表2)の通りである。

表1 物件概要

初期施工	種別	規模(m)	使用温度	薬剤投与
1983年10月	冷温繰り返し	2×3×H12.5	5⇔56℃	無し

表2 使用材料

	防水層	断熱層
天井スラブ下	押出法ポリスチレンフォーム保温板3種b 100mmと軟質塩化ビニルシート 1mmの貼り合わせ品	
壁部	軟質塩化ビニルシート 1mm	押出法ポリスチレンフォーム保温板3種b 100mm

3-2. 調査方法と項目

経年調査の対象とした項目、及び調査方法を(表3)に示す。

表3 調査方法と項目

	天井	壁	床
目 視	○	○(壁貫通管、設備アンカー部、固定金物とシートとの溶着状況、断熱材固定部)	×
探傷機検査	×	全面	×
サンプリング	×	防水シート、断熱材	×

3-3. 天井部の状況

天井部では、スラブと断熱材との境界等で発生した結露水の蓄積により、予め断熱材と貼り合わされていた軟質シートが部分的に垂れ下がっていた。垂れ下がりは小規模で、防水シートが脱落することは無く(写真1)、天井と壁の入隅部にある固定金物(塩ビ被覆鋼板)からの剥離も発生してはいなかった。

写真1 天井部　　写真2 開口からの見下げ

3-4. 壁部の状況

壁部断熱材は、固定部からの冷橋を抑制するため固定金具を打設する部位の断熱材を30mm削り込み、固定後に円筒状の断熱材にてキャップをする特殊仕様を採用している(図1)。

図1 壁部断熱材固定部の概要
φ65円盤状固定金具(塩ビ被覆鋼板)
φ65円筒状断熱キャップ
壁部ポリスチレンフォーム保温板100mm
導電層付き発泡ポリエチレンシート10mm
軟質塩化ビニル樹脂系シート1.0mm

壁部では、この円筒状断熱キャップが水深が深くなるにつれ水圧により変形し固定釘が突出している箇所が随所に見られた(写真3~4)。

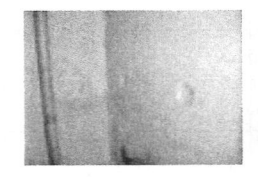

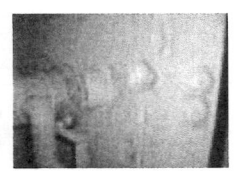

写真3 常水面-5m付近　　写真4 常水面-11m付近

Report of passing year survey of heat insulations and waterproofing at heat storage tank

SANO Hirokazu, ARAI Tsuyoshi,
HORI Nagao

探傷機検査により検知された壁部防水層の損傷は、大凡水深11mに位置する前述の断熱固定部1箇所に留まり、その他100箇所近くある固定部では断熱材に合わせ防水シートが変形（写真5、6）しているものの、損傷には至っていなかった。

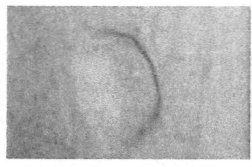

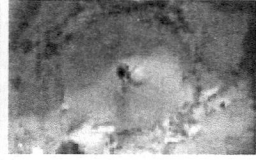

写真5　断熱材固定部　　写真6　同左防水シート撤去後

目視検査においても、他の防水シート平部には損傷箇所は見られず、各入隅部に固定されている固定金具（塩ビ被覆鋼板）にも塩ビ層と鋼板との剥離によるシートの浮きは無かった。また、設備取り付け用のアンカーや壁貫通管周りも良好な状態であった（写真7、8）。

写真7　設備取り付けアンカー部　　写真8　壁貫通管

3-5. サンプリングシート及び断熱材の物性測定結果

経年シートの物性測定結果を見ると、破断時の伸び率で初期値に対し約2～3程度の経年劣化が確認される（表4）。

しかし、実測値では約18年に渡り蓄熱運転下に曝されていたにも関わらず JIS A6008-1997（合成高分子系ルーフィングシート）で初期シートに求められる引張性能［引張強さ:1800N／cm^2、伸び率:250％］に対し、引張強さで 2349N／cm^2、伸び率では241～290%を未だ有しており、断熱材の変形に対する追従性（写真3～5）から判断しても、防水機能を維持する上で問題は無い状態である。

表4　サンプリングシートの物性測定結果

採取位置	厚み(mm)	残存率(%)		
		可塑剤	引張強度	伸び率
喫水上	1.03	81	103 {2396N/cm^2}	71 {241%}
常水面－1m	1.03	77	108 {2513N/cm^2}	79 {266%}
常水面－5m	0.99	74	112 {2598N/cm^2}	76 {256%}
常水面－9m	1.07	77	101 {2349N/cm^2}	86 {290%}
常水面－11m	1.05	76	104 {2411N/cm^2}	84 {283%}

※上表に示す{　}内の値は実測値を示す

サンプリングは、水圧の違いによる劣化度の変化を把握するため水深の異なる4箇所から行ったが、測定結果では概ね一定した傾向を示しており劣化と水圧に因果関係は無いものと考えられる。

一方、水深 11m相当の位置からサンプリングした断熱材は、60℃の恒温槽に24時間放置しても重量変化が発生しない程度の含水状況で、熱伝導率も JIS A9511-1995（発泡プラスチック保温板）の規定値に匹敵する性能を未だ維持していた（表5）。

表5　断熱材の物性測定結果

採取位置	厚み(mm) :現場実測	含水率 (wt%)	熱伝導率 (W/mK)
常水面－5m	71（固定部） 98（一般部）	—	—
常水面－9m	98（一般部）	—	—
常水面－11m	60（固定部） 98（一般部）	≒0	0.027 {JIS規定値 0.028 以下}

4．まとめ

サンプリングと物性測定結果から防水シートの物性、および断熱材の熱性能は１８年経年した状態でも断熱防水機能を維持できるレベルであった。

断熱材固定部では水圧による圧縮変形があり、高深度部で固定釘の防水層貫通箇所が１箇所であったが、殆どの箇所は断熱材の変形に防水シートが追従していたため破断はなく、その他、役物周りや各入隅部は良好な状態にあった。

以上の事から、防水層の形成が確実に成されることを前提とすると、蓄熱槽断熱防水を長期に渡り維持するには断熱材の選定と防水材の保有する伸び性能がポイントと考えられる。

5．今後の課題

冒頭の記述の通り、蓄熱槽の経年調査は容易に行えずデータの蓄積に乏しいのが現状であり、今後は積極的な点検・調査によるデータの蓄積を行うことが急務である。

現在蓄熱槽に標準的に使用している断熱材は、水圧試験器（写真9）等にて長期クリープ性を評価しているが、現場調査との比較による試験の有効性を確認することも課題とされる。

写真9　水圧試験器

*1　筒中シート防水㈱
*2　㈱大林組　技術研究所

*1　Tsutsunaka Sheet Waterproofing Systems Co., Ltd
*2　Technical Research Institute, Obayashi Corporation

蓄熱槽断熱防水工法に関する調査研究

正会員 ○長谷川 完[*1] 同 佐々木 晴夫[*2]
同 堀江 一志[*3] 同 石田 陸夫[*4]
同 数矢 彰[*5]

蓄熱槽　　断熱　　防水
技術指針　文献

1. はじめに

原油価格の上昇などのエネルギー問題から建物の省エネルギー化が進み、中でも夜間電力を使用した蓄熱システムは電力供給を平準化できるという意味で、電力各社も推奨している。また東日本大震災以降の計画停電の影響により、蓄熱システムに対して注目が集まっている。

この蓄熱システムの核をなす蓄熱槽工事は、建築の断熱・防水工事と設備の空調工事の境界領域であるため、建築と設備の連携が特に重要である。

日本建築学会では、1993年1月に「断熱勾配屋根防水（設計・施工）技術指針・同解説　断熱水槽防水（設計・施工）技術指針・同解説」を発行しているが、建物の高層化に伴う蓄熱槽の深さの増大と氷蓄熱・水蓄熱などの蓄熱システムの多様化に伴い、現在の技術指針では十分とはいえず、見直しが必要となっている。そのため、蓄熱槽断熱防水小委員会を設置して、新たなガイドラインの構築に向けて検討を進めることになった。

本委員会において、まず蓄熱槽に関連する情報と文献類を調査したので、本報告ではその内容について述べる。

2. 蓄熱槽と断熱防水に関する変遷

2.1. 蓄熱システムの推移

蓄熱式空調システムは、エコ・アイス（個別分散型とmini）の設置件数が大幅に増加している（図1）。また現場築造型の蓄熱槽を使用するエコ・アイス（セントラルタイプ）や水蓄熱槽も若干の増加傾向にある。今後、電力需要が逼迫する中で計画停電に対応するべく、建築主の意識が高まることで、さらなる増加が予測される。

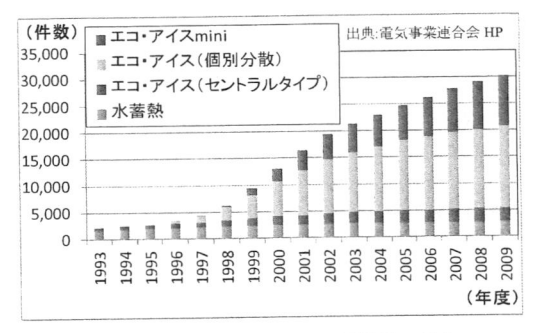

図1　蓄熱式空調システム設置件数の推移

2.2. 蓄熱槽で使用される材料の変化

1) 断熱材

蓄熱槽で使用される主な断熱材は、大きく分けて3種類あり、アンカーピンや接着剤で固定する成型板として、押出法ポリスチレンフォーム保温板（以下：押出法PS）、ビーズ法ポリスチレンフォーム保温板（以下：ビーズ法PS）と、現場で吹付けて発泡させる吹付け硬質ウレタンフォーム断熱材（以下：吹付けPU）に分類される。

表1に主要な断熱材の種類と性能を示す。

表1　断熱材の種類（カタログ値）

	発泡剤の種別	熱伝導率(W/m·k)	圧縮強さ(N/c㎡)
押出法PS	A種	0.028	30
ビーズ法PS	A種	0.036	55
吹付けPU	B種	0.024	30

種別　A種：ハイドロカーボン　B種：フロン類

1993年時点の押出法PSの発泡剤は、B種のフロン類を使用していたが、2011年現在A種のハイドロカーボンに移行されている。吹付けPUの発泡剤は、1993年当時と同じB種のフロン類であるが、高断熱を必要とされる蓄熱槽や冷凍冷蔵倉庫用途に限り、使用されている。

2) 防水材と断熱防水仕様

蓄熱槽で使用される主な防水材は、塩ビシート防水材（以下：PVCシート）、超速硬化型吹付けウレタン防水材（以下：超速硬化PU）、エポキシ系塗膜防水材（以下：エポキシ系塗膜）、ポリエチレン系シート防水材（以下：PE系シート）であり、施工仕様がメーカーごとに決まっている。

断熱材と防水材の組み合わせを表2に示す。

表2　断熱防水の組み合わせ

種別	材料	防水材メーカー・施工会社			
		A社	B社	C社	D社
断熱	押出法PS	▲	▲	▲	●
	ビーズ法PS			▲	
	吹付けPU				
防水	PVCシート	▲			
	超速硬化PU				
	エポキシ系塗膜				●
	PE系シート				●

▲：機械固定　●：接着固定

Research on Insulation and Waterproofing Membranes for Heat Storage Tank

HASEGAWA Tamotsu, SASAKI Haruo, HORIE Kazuyuki, ISHIDA Rikuo, SUYA Akira

PVCシートは断熱材、防水材ともに機械的に固定され、PE系シートの場合には断熱材、防水材ともに接着固定されており、他の防水材は機械固定と接着固定が併用されている。

また壁面や下面から湧水の影響がある場合、蓄熱槽の床面の断熱層は、湧水槽に水を排出するために断熱層の一部に隙間を設ける湧水処理工法が適用されている。

中でも、材料の一部を切除加工した断熱材を敷き並べて固定する工法（図2）を用いる場合が増加している。

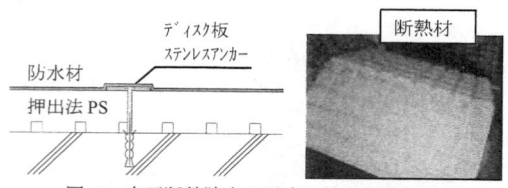

図 2 床面断熱防水の湧水工法と断熱材の例

3. 文献調査結果

1993年以降の蓄熱槽に関連する文献調査を行った結果、蓄熱槽に関する文献は100件以上あるものの、断熱材や防水材に関連した文献は数件であった。それらの中で、指針に関連する文献の概要を示す。

3.1. 地下躯体への温度影響（文献1）[1]

文献1では、蓄熱槽の地下躯体への影響に関して、札幌と東京を想定し、暖房時の外周基礎梁（蓄熱槽壁）と地下外壁（蓄熱槽上部）の温度差の経年変化を解析・評価している。断熱材50mmにおける外周基礎梁と地下外壁の温度差は、25年目で札幌12.4℃、東京8.24℃という解析結果であり、約1.5倍の地域差が発生することが推測されている。この温度差によって発生する外周基礎梁の中央部水平方向応力度は、札幌で$\sigma=13.2kg/cm^2$、東京で$\sigma=8.8kg/cm^2$となり、寒冷地において大きいことが示され、地下躯体について実態を調査する必要がある。文献で解析に用いられた断面概要図を図3に示す。

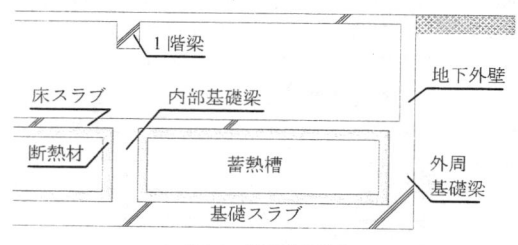

図 3 断面概要図

3.2. 蓄熱槽の断熱防水の施工範囲（文献2）[2]

文献2では、蓄熱槽の断熱材の施工範囲が示されており、特に上階との関係において冷水槽、冷温水槽などの温度条件によって分類されている。図4は冷水槽の場合に間仕切り壁面の断熱材の施工範囲を示したものである。

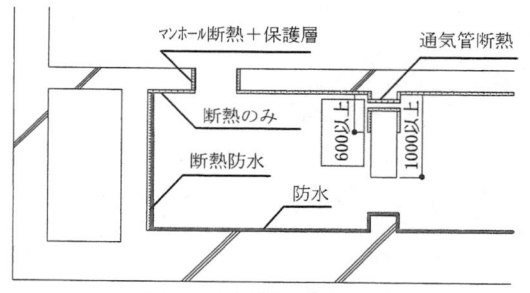

図 4 冷水槽内の断熱範囲

冷水槽の場合には、槽内間仕切り壁の立ち下り600mm以上の範囲は断熱材を設置することが上階の結露防止のために必要であるとされているが、この根拠については今後詳細調査が必要であると考える。

また冷水槽の場合には天井面は断熱のみとすることにより、水蒸気の流れが上階から蓄熱槽側に流れ、断熱材の内部結露を防止できるとされている。（図5）

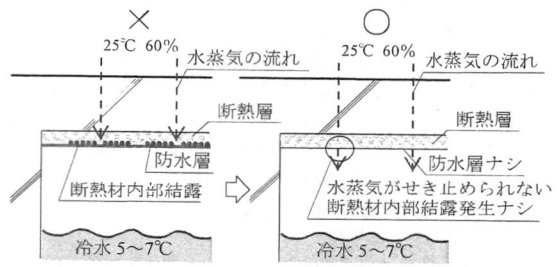

図 5 冷水槽の水蒸気の流れ

4. おわりに

情報収集及び文献調査結果の一部と、蓄熱槽断熱防水（設計・施工）技術指針の改訂に向けた委員会活動内容について報告した。今後委員会として、蓄熱槽の故障事例とその対策について調査を行い、技術指針内で追加・明示することにより、設計時・施工時に活用できる技術指針案を作成するべく活動していく予定である。

参考文献

1) 伊藤博夫：蓄熱槽を有する建物の地下部躯体の温度分布性状に関する研究 第3報 寒冷地（札幌）の場合及び長期蓄熱（1～50年）の影響に対する検討、日本建築学会構造系論文集、第487号、pp55～62、1996年9月
2) 日本建築学会防水工事運営委員会編：第1回防水シンポジウム資料集、p201～219、2001年7月
3) 日本建築学会編：断熱水槽防水（設計・施工）技術指針・同解説、1993年1月

*1 ㈱竹中工務店　*2 大成建設㈱　*3 ㈱ダイフレックス
*4 ダウ化工㈱　*5 住ベシート防水㈱

*1 Takenaka Corporation　*2 Taisei Corporation　*3 Dyflex Co.,Ltd
*4 Dowkakoh.K.K.　*5 S.B.Sheet Waterproof Systems Co.,Ltd

蓄熱槽に用いる断熱材の耐圧性能について

正会員 ○石田陸夫 *
正会員 佐々木晴夫 **
正会員 堀江一志 ***

蓄熱槽　　　断熱材　　　耐圧性能
圧縮クリープ　安全率　　　ポリスチレンフォーム

1. はじめに
1.1 蓄熱式空調システムと蓄熱槽
近年、事務所ビル等の空調システムとして蓄熱式空調システムが多く利用されており、夜間に生産した冷熱または温熱を蓄熱する方法として、建物地下部の二重スラブに蓄熱槽を設けて、水を蓄熱媒体として蓄熱する方法が多く採用されている。また、この蓄熱槽を設ける場合は、熱損失の低減、隣接する壁・床・柱脚部の結露防止、熱応力による躯体劣化の防止等を目的に、コンクリート躯体に断熱材を施工した上で防水層を施工する断熱防水工法を用いて蓄熱槽が構築されている。

1.2 蓄熱槽の断熱防水工法と使用される断熱材
蓄熱槽を構築する断熱防水工法としては、一般的に表1に示す工法が採用されており、断熱材や防水層の種類あるいは蓄熱槽自体の仕様は「断熱水槽防水（設計・施工）技術指針・同解説（日本建築学会）」等に記載されている。

表1　主な蓄熱槽の断熱防水工法

防水層		ウレタン塗膜	塩ビシート	エポキシ塗膜
断熱材	天井	XPS-B-3b50mm	XPS-B-3b50mm	吹付PUF50mm
	壁	XPS-B-3b50mm	XPS-B-3b50mm	吹付PUF50mm
	床	XPS-B-3b50mm（導水路付）	XPS-B-3b50mm（排水板敷設）	XPS-B-1b50mm（導水路付）

蓄熱槽に使用される断熱材としては、JIS A 9511に規定する「押出法ポリスチレンフォーム保温板」が多く使用されており、中でも3種b（A-XPS-B-3b）の品質に適合する厚さ50mmの断熱材が一般的に使用されている。

「押出法ポリスチレンフォーム保温板」はポリスチレン樹脂を主原料とした独立気泡で形成される発泡プラスチック断熱材で、圧縮強さが高く、吸水性が低いという特長を有している。

1.3 断熱材の要求性能
蓄熱槽は冷水槽の場合で5℃程度、温水槽の場合で最高65℃程度の温度で運転され、蓄熱槽によっては10mを超える水深となる蓄熱槽もある。こうした蓄熱槽に使用する断熱材は、運転温度、水圧等の条件に耐える性能を有する断熱材を選択する必要がある。

「押出法ポリスチレンフォーム保温板」の主原料であるポリスチレン樹脂は熱可塑性樹脂であるため、高温槽で使用される場合、使用温度の上昇に伴う圧縮強さの低下や圧縮クリープの発生等を考慮した上で耐圧強度を設定し、使用可否の判断あるいは製品（グレード）の選定を行う必要があるが、前述した「断熱水槽防水（設計・施工）技術指針・同解説（日本建築学会）」等の指針には、こうした断熱材の耐圧性能に関する設計指針が明記されておらず、その判断は各断熱材メーカーの経験と試験データに基づく判断に委ねられている。

2. 断熱材に要求される耐圧性能
前述したように「押出法ポリスチレンフォーム保温板」は使用温度が上昇した場合、圧縮強さが低下するとともに、圧縮応力が常時作用することによって圧縮クリープが生じるという特性がある。

図1は、JIS A 9511 A-XPS-B-3bに適合する「押出法ポリスチレンフォーム保温板」の各雰囲気温度における圧縮強さ（試験方法：JIS A 9511、最大荷重）の測定値であり、図2は23℃における圧縮クリープの測定値を表す。

まず、図1からは、使用温度が上昇することによって圧縮強さが低下することがわかる。次に、図2からは、時間の経過とともに圧縮クリープが増加し、作用する圧縮応力によって歪量が異なることがわかる。

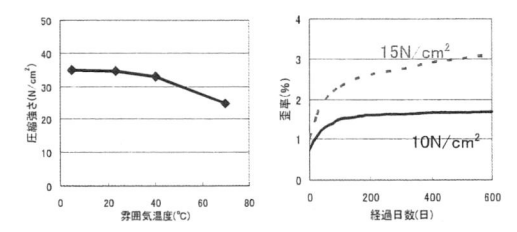

図1. 圧縮強さ温度依存性　図2. 圧縮クリープ（23℃）

2.1 冷水槽に使用する断熱材の耐圧性能の設計
図2は23℃における圧縮クリープのデータで、圧縮応力が$10N/cm^2$の場合は、経時とともにクリープが安定し、歪率2%以下、50mm厚さの場合は1mm以内でほぼ安定することがわかる。この圧縮応力$10N/cm^2$は「押出法ポリスチレンフォーム保温板」の圧縮強さ（標準値）$30N/cm^2$に1/3（安全率3）を乗じた圧縮応力で、メーカーはこのデータをもとに、常温以下で使用する場合の許容圧縮応力を圧縮強さ×1/3（安全率3倍）と設定、冷水槽における

2.2 温水槽に使用する断熱材の耐圧性能の設計

温水槽に使用する場合の耐圧強度は、前述した通り、使用温度上昇に伴う圧縮強さの低下ならびに使用温度における圧縮クリープを考慮して設定する必要がある。

そこで、筆者らは実際に使用温度における圧縮クリープの測定を行って適正な安全率を設定することとした。

圧縮クリープを測定するにあたって、試料として厚さ50mmの「押出法ポリスチレンフォーム」の3種b汎用製品ならびに高耐圧強度品の2種類、それぞれの圧縮強さが46N/cm²及び99N/cm²の圧縮強さ（23℃における測定値）を有する製品を用いた。

また、雰囲気温度は一般的な温水槽の上限温度である65℃に設定し、圧縮応力を設定する際の安全率は、温度上昇に伴う圧縮強さの低下を勘案し、5倍（圧縮強さ測定値×1/5）及び8倍（圧縮強さ測定値×1/8）と設定した。

図3a及び図3bは、上記の方法によって測定した65℃における3種b汎用製品ならびに高耐圧強度品のクリープ変位で、圧縮応力を圧縮強さ×1/8（安全率8倍）に設定することによって、圧縮クリープ歪率を2%以下、厚さ50mmの製品の場合は1mm以下に抑制できることが確認されたことから、高温槽における耐圧強度（許容圧縮応力）設定の目安を圧縮強さ×1/8（安全率8倍）に設定することとした。

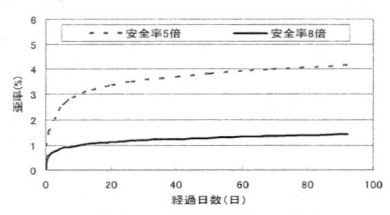

図3a．圧縮クリープ（3種b汎用品, 65℃）

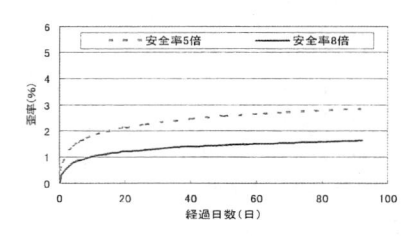

図3b．圧縮クリープ（高耐圧品, 65℃）

尚、圧縮クリープ歪率を2%以内、断熱厚さ50mmの場合の圧縮クリープを1mm以内に抑制することは、断熱材の圧縮クリープ変形だけでなく、これに起因する断熱材及び防水層を機械的に固定するビスの突出による防水層の損傷防止に有効と考える。

3．蓄熱槽に使用する断熱材の耐水圧（限界水深）

前述した耐圧強度の検討結果をもとに蓄熱槽の限界水深を下表2のように設定し、ガイドラインとして運用している。

表2．蓄熱槽の限界水深

		3種b汎用品	高耐圧品
圧縮強さ(N/cm²)		30	70
限界水深 (m)	冷水槽	10.0	23.0
	温水槽	3.8	8.8

注1）床導水型断熱材は導水面積に応じた検討が必要

4．耐圧強度及び限界水深の設定とその妥当性

これまで述べてきた断熱材の耐圧強度及び限界水深の検討内容については、筆者らが参加し、2000年に技術確立及び実用化した「超速硬化ウレタン塗膜防水」と「押出法ポリスチレンフォーム保温板」を組合せた蓄熱槽用断熱防水工法の設計ガイドラインとして実用化当時から運用しており、実用化後10年以上が経過しているが、この間、断熱材の潰れや機械的固定ビスの突出に起因する漏水等の事故は発生しておらず、本研究論文で述べた断熱材の耐圧性能の検討及びこれに基づくガイドラインの妥当性が検証されたと考える。

5．まとめ

蓄熱槽に使用する断熱材の耐圧強度について、使用温度における圧縮クリープの試験データをもとに安全率及びガイドラインを設定した。

(1) 冷水槽については、断熱材の圧縮強さ×1/3（安全3倍）、温水槽については、断熱材の圧縮強さ×1/8（安全率8倍）を耐圧強度（許容圧縮応力）設定のガイドラインとした。

(2) ガイドライン運用後10年以上経過しており、これに起因する不具合の発生はなく、妥当性が検証された。

1993年に発刊された「断熱水槽防水（設計・施工）技術指針・同解説（日本建築学会）」の見直しを行うべく、蓄熱槽断熱防水小委員会が設置され、2010年より活動している。本研究論文で述べた蓄熱槽に使用する断熱材の耐圧性能の検討結果については、新たに制定する指針の中でガイドラインを設定するにあたっての参考にしたい。

参考文献

1) 断熱水槽防水（設計・施工）技術指針・同解説（日本建築学会　1993年1月）
2) 蓄熱式空調システム　計画と設計（(社)空気調和・衛生工学会　平成18年7月）

---

*　　ダウ化工㈱
**　 大成建設㈱
***　㈱ダイフレックス

*　　Dow kakoh K.K
**　 Taisei Corporation
***　DYFLEX Co.,Ltd.

高深度蓄熱槽断熱防水の経年劣化調査について

蓄熱槽　防水材料　断熱材

正会員 ○数矢　彰*1　堀　長生*2　小川　晴果*2　三谷　一房*2
正会員　奥田　章子*2　水上　卓也*2　高橋　誠治*3

1. はじめに

建物への熱供給を省エネルギー化できる蓄熱槽には、利用する地下躯体等への熱ロスを抑制するために防水材と断熱材を組み合わせた断熱防水工法の採用が不可欠である。

防水材料には軟質塩ビシート、ウレタン系塗膜やエポキシ、断熱材にはポリスチレンフォーム成型板や現場発泡ウレタン等が挙げられ、工法には機械的固定、密着、両者併用等がある。

今回は、塩化ビニルシート防水材を機械的固定工法で施工した高深度型蓄熱槽における経年後の調査結果を報告する。

2. 経年調査の目的

蓄熱槽は、常時建物に熱供給する目的から、点検・調査の目的で運転を一時停止することが難しい現状にある。

近年の蓄熱槽は、地域再開発等の増加に伴って地域冷暖房施設化や大容量化が進んだことからも、経年調査の実施は更に困難であり、希少機会を活かしたデータ蓄積が望まれる。

3. 経年調査
3.1 物件概要

調査は、同規模で経年約28年の冷水槽、及び経年約8年の冷温繰り返し槽について実施した。物件概要を表1に示す。

槽の分類と使用されている材料は、表2の通りである。

表1 物件概要

初期施工年	種別	規模(m)	使用温度(℃)	水深(m)
1983年	冷水	2×3×H12.5	5⇔30	12.1
2003年	冷温繰り返し	2×3×H12.5	15⇔60	

表2 使用材料

		A槽：経年28年(冷水)	B槽：経年8年(冷温繰り返し)
天井	断熱層	押出法ポリスチレンフォーム保温板(3種b)高圧縮強度品：以下「PSF」※ ※当時 JIS A 9511-1995	
	防水層	軟質塩化ビニルシート 厚 1.0mm	硬質塩化ビニル板 厚 1.5mm
壁部	断熱層	PSF 厚 100mm	PSF 厚 50mm×2枚
	防水層	軟質塩化ビニルシート 厚 1.0mm	軟質塩化ビニルシート 厚 1.5mm
床部	—	設置設備・架台等の関係で今回は調査実施せず	

※ 断熱材はフロンガス発泡製造品
※ A槽、B槽の断熱材製造メーカーは異なる。

3.2 調査方法と項目

経年調査の項目および調査方法を表3に示す。

表3 調査方法と項目

	天井	壁
目視	○	○(シート、断熱材、特殊納まり部等)
サンプリング	×	○(軟質塩ビシート、断熱材)

※床部はシンダーコンクリート押さえ等のため対象外

3.3 天井の目視調査結果

一部に結露水の蓄積と考えられる裏水による膨らみ・シワが認められたが、両槽共に不具合や防水層の破断は無かった。

3.4 壁の目視調査結果

図1にA槽およびB槽の断熱材固定部の仕様を示す。

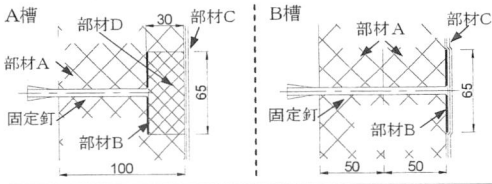

部材A	PSF(高圧縮強度品) 厚 100mm
部材B	円盤状固定金具(塩ビ被覆鋼板) φ65
部材C	可塑剤移行防止層＋軟質塩化ビニルシート
部材D	押出法ポリスチレンフォーム(1種b)キャップ材

図1 A槽およびB槽の断熱材固定部仕様

(1) A槽壁部

部材Dは試験的に一般入手可能断熱材を使用したため、水深に伴う水圧による圧縮変形(凹み)が確認された。

水圧を考慮し圧縮強度を増強した壁面断熱材では、経年に伴う細かな凹凸変形の他に大きな変形は認められない。

防水層は、部材Dの変形にも追従して防水性を維持し、軟質塩ビシート機械固定工法の長所である下地変形追従性が防水層の維持に有効に作用している(写真1および2)。

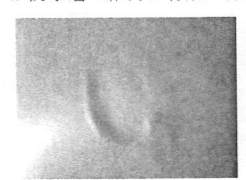

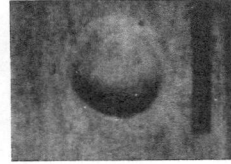

写真1 常水面-1m付近　写真2 常水面-11m付近

(2) B槽壁部
　　断熱材表面から固定金具で固定（現行仕様）されており、壁全面に変形・不具合は認められない（写真3および4）。

写真3　常水面-1m付近　　写真4　常水面-11m付近

(3) A、B両槽特殊納まり部
　　設備アンカー部や壁貫通部等の特殊納まり部は両槽共良好な状態であり、不具合も認められない（写真5および6）。

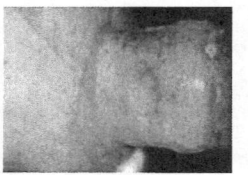

写真5　設備用アンカー部　　写真6　壁貫通管根本部

3.5 サンプリングシートの物性測定結果
経年シートの物性等の測定結果は、表4の通りとなった。

表4　サンプリングシートの物性測定結果

採取位置	A槽（経年28年）			B槽（経年8年）		
	上段：残存率（初期新品を100とした残存割合）					
	下段：実測値〔引張強度（N/cm²）、伸び率（%）〕					
	可塑剤	引張強度	伸び率	可塑剤	引張強度	伸び率
喫水上	81	116	65	92	89	107
	—	2752	237	—	2087	394
常水面-1m	78	96	80	89	104	96
	—	2280	292	—	2416	356
常水面-5m	78	94	78	89	101	99
	—	2230	285	—	2349	366
常水面-9m	81	95	80	93	97	103
	—	2247	292	—	2252	380
常水面-11m	82	102	75	93	86	103
	—	2423	274	—	2012	380

実測値から、A槽（経年28年）のシートでもJIS A6008-2002（合成高分子系ルーフィングシート）の規格値〔引張強さ：1800N/cm²以上、伸び率：250%以上〕を常水面下位置では上回り、シートに柔軟性を付与する可塑剤の残存率も概ね初期の8割程度を維持し、経年後も防水性能を維持していることが判る。

3.6 断熱材の物性測定結果
サンプリングは水深別に実施したが、測定結果は概ね一定の測定値を示し、劣化と水圧に因果関係は無いと考える。
経年断熱材の物性等の測定結果は、表5の通りとなった。

表5　断熱材の物性測定結果

採取位置	A槽（経年28年）		B槽（経年8年）	
	熱伝導率(W/m·K)	圧縮強度 圧縮歪10% (N/cm²)	熱伝導率(W/m·K)	圧縮強度 圧縮歪10% (N/cm²)
常水面-1m	0.032	56	0.028	77
常水面-5m	0.032	57	0.028	77
常水面-9m	0.032	56	0.028	67
常水面-11m	0.031	52	0.028	76
JIS規格値	0.028 以下	20 以上	0.028 以下	20 以上

熱伝導率は、JIS A9511-2006R（発泡プラスチック保温材）の規格値を長期経年後の現在でも概ね維持していた。
使用した断熱材は圧縮強度50(N/cm²)以上を目標とした高圧縮強度品であり、圧縮強度は現状でも目標を維持していた。

4. まとめ
長期経年後の高深度蓄熱槽における断熱防水工法の材料（防水シートおよび断熱材）は、サンプリング調査・分析の結果、28年経過後も断熱防水機能を維持できるレベルであった。
防水層（軟質塩ビシート）は、下地断熱材の水圧による部分的な変形にも追従し、その防水性能を継続的に維持していた。
断熱材は、高深度の水圧に耐えるよう増強した初期の圧縮強度を28年後も保持し、現行最新の断熱材固定方法による8年後の蓄熱槽でも高圧縮強度断熱材の効果によって断熱材および防水層における不具合は確認されなかった。
以上の事から、防水層の確実な形成、規模に応じた断熱材の選定や施工仕様の確立により、蓄熱槽の断熱防水は軟質塩ビシート機械的固定工法で長期間維持可能なことが判る。

5. 今後の課題
現状、蓄熱槽の経年調査は蓄積データに乏しいため、今後は積極的なデータの蓄積と新評価方法等の検討が必要となる。

【参考文献】
佐野　拓一、荒井　剛、堀　長生：蓄熱槽断熱防水の経年劣化調査について，日本建築学会大会学術講演梗概集，PP. 287-288, 2002

---

*1　住ベシート防水㈱
*2　㈱大林組　技術研究所
*3　㈱JSP

*1　S.B.Sheet Waterproof Systems Co., Ltd
*2　Technical Research Institute, Obayashi Corporation
*3　JSP Corporation

蓄熱槽断熱防水工事技術指針（案）

2013年2月25日　第1版第1刷

編　　集
著作人　一般社団法人　日本建築学会
印刷所　株式会社　愛　甲　社
発行所　一般社団法人　日本建築学会
　　　　108-8414　東京都港区芝5-26-20
　　　　電　話・（03）3456-2051
　　　　F A X・（03）3456-2058
　　　　http://www.aij.or.jp/
発売所　丸善出版株式会社
　　　　101-0051　東京都千代田区神田神保町2-17
　　　　　　　　　神田神保町ビル
　　　　電　話・（03）3512-3256

ⓒ 日本建築学会 2013

ISBN978-4-8189-1065-2 C3052